Dr. iur. Felix Droysen

Die §§ 74, 75 des Handelsgesetzbuchs vom 10. Mai 1897

Ein Beitrag zur Lehre von der Konkurrenzklausel der Handlungs-Gehilfen und -Lehrlinge

Berlin 1908.
J. Guttentag,
Verlagsbuchhandlung,
G. m. b. H.

Inhalt.

Literatur.

Bolze, Die Praxis des Reichsgerichts in Zivilsachen (cit. Bolze).

Cosack, Lehrbuch des Handelsrechts, VI. Aufl. Stuttgart 1903.

Deutsche Juristenzeitung, hrsg. von Laband, Stenglein und Staub.

Düringer-Hachenburg, Das Handelsgesetzbuch vom 10. Mai 1897, 1 Band. Mannheim 1899.

Entscheidungen d. Reichsgerichts in Zivilsachen, Leipz. (cit. R. G. E.).

Entscheidungen des Reichsoberhandelsgerichts, Stuttgart (cit. R. O. H. G. E.).

Fuld, Das Recht der Handelsgehilfen, Hannover 1897.

Fuld, Zur Regelung der Konkurrenzklausel, in Gruchots Beiträgen Bd. XLI, S. 567 ff.

Gareis, Handelsgesetzbuch vom 10. Mai 1897, 3. A. Münch. 1905.

Goldmann, Das Handelsgesetzbuch vom 10. Mai 1897. 1 Bd. Berlin 1901.

Goldschmidt, Zeitschrift für das gesamte Handelsrecht, Stuttg. (cit. Z. H. R.).

Gruchot, Beiträge zur Erläuterung des deutschen Rechts, Berlin.

Hahn-Mugdan, Die gesamten Materialien zu den Reichsjustizgesetzen, VI. Bd. Materialien zum Handelsgesetzbuch, Berlin 1897 (cit. Hahn-Mugdan).

Handel und Gewerbe, Zeitschrift für die zur Vertretung von Handel und Gewerbe gesetzlich berufenen Körperschaften, im Auftrage des deutschen Handelstages hrsg. v. Dr. Soetbeer.

Handwörterbuch der Staatswissenschaften, Bd. 4. 2. A. Jena 1900.

Holdheim, Monatsschrift für Handelsrecht und Bankwesen, Steuer- und Stempelfragen; neue Folge der Monats- bezw. Wochenschrift für Aktienrecht, Berlin.

Horrwitz, Das Recht der Handlungsgehilfen und Handlungslehrlinge. II. Aufl. 1905.

Juristische Wochenschrift. Organ des deutsch. Anwaltsvereins, Berl.

Kohler, Gesammelte Abhandlungen aus dem gemeinen und französischen Zivilrecht, Mannheim 1883.

Koslowski, Die Konkurrenzklausel der Handlungs-Gehilfen (Schriften des deutsch-nationalen Handlungsgehilfen-Verbandes, Band 32), Hamburg 1906.

Lehmann-Ring, Das Handelsgesetzbuch für das Deutsche Reich. 1 Band. Berlin 1902.

Lemberg, Vertragsmäßige Beschränkungen der Handels- und Gewerbefreiheit, Breslau 1888.

Litthauer, Das Handelsgesetzbuch vom 10. Mai 1897. 12. Aufl. Berlin 1901.

Litthauer-Mosse, Handelsgesetzbuch, 13. Aufl., Berlin 1905.

Makower, Handelsgesetzbuch mit Kommentar, Bd. 1. 13. Aufl. Berlin 1906.

Moses, Das Recht der Handlungsgehilfen und Handlungslehrlinge nach neuem Handelsgesetzbuch, Breslau 1897.

Mugdan-Falkmann, Rechtsprechung der Oberlandesgerichte auf dem Gebiete des Zivilrechts, Leipzig (cit. O. L. G. E.).

Pappenheim, zu Art. 1 Abs. 2 und 3 des Einführungsgesetzes zum Handelsgesetzbuch vom 10. Mai 1897 in Gruchots Beiträgen, Bd. XLII, Seite 309 ff.

Planck, Bürgerliches Gesetzbuch nebst Einführungsgesetz, Bd. 1, 3. Aufl., Berlin 1903.

Recht, Rundschau für den deutschen Juristenstand, Hannover.

Reinshagen, Die Konkurrenzklausel des Handlungsgehilfen, Leipzig 1903.

Renger, Die Beurteilung von Konkurrenzklauseln unterm Recht der §§ 74, 75 des H. G. B. vom 10. Mai 1897, Borna-Leipzig 1903.

Ritter, Die Konkurrenzklausel im neuen Recht i. Deutsche Juristenzeitung, VII. Jahrg., Nr. 15. S. 349 ff.

Roßner, Die Konkurrenzklausel des Handlungsgehilfen, Borna-Leipzig 1905.

Sächsisches Archiv für bürgerliches Recht und Prozeß, Leipzig.

Seuffert, Archiv für Entscheidungen der obersten Gerichtshöfe in den Deutschen Staaten, München-Leipzig.

Staub, Kommentar zum Handelsgesetzbuch, 1. Bd., 8. Aufl., Berlin 1906.

Staub, Das Recht der Handlungsgehilfen in der Zeit vom 1. Januar 1898 bis 1. Januar 1900 i. Deutsche Juristenzeitung, II. Jahrg., Nr. 17, S. 333 ff.

Steiner, Die Konkurrenzklausel nach dem neuen Handelsgesetzbuch, Stuttgart (1898).

Striethorst, Archiv für Rechtsfälle, die zur Entscheidung des Königl. Obertribunals gelangt sind, Berlin (cit. Striethorst).

Einleitung.

Geschichtlicher Überblick.

(Die kaufmännische Hilfstätigkeit im römischen Recht und im deutschen Recht vor Einführung der Gewerbefreiheit.)

Das Institut der Konkurrenzklausel, das den Gegenstand der vorliegenden Abhandlung bildet, blickt auf keine lange Vergangenheit zurück.

Das römische Recht kannte keine derartigen vertraglichen Konkurrenzbeschränkungen: Die Angestellten des römischen Kaufmanns waren durchweg Sklaven und Haussöhne, die als solche unfrei und somit nicht in der Lage waren, über ihre Tätigkeit frei zu verfügen, indem sie eigenmächtig etwa in andere Dienste traten oder eine selbständige handelsgewerbliche Tätigkeit begannen. Das war unvereinbar mit dem Begriff der potestas dominica, die der Herr über den servus ausübte und der patria potestas, unter der der filiusfamilias stand.

Diese Gewaltverhältnisse konnten zwar durch die verschiedenen Arten der manumissio beim Sklaven und durch die emancipatio bei dem Hauskinde beendigt werden, und damit wurde allerdings der bisher unselbständige Angestellte in die Lage versetzt, nach eigenem Willen Handel zu treiben, auch der Eröffnung eines Konkurrenzbetriebes seinem früheren Geschäftsherren gegenüber stand nichts im Wege.[1] Doch lag

[1]) vgl. l. 18. Dig. XXXVII. 14: Quaero, an libertus prohiberi potest a patrono in eadem colonia in qua ipse ne-

es ja völlig in der Macht des Herrn bezw. des paterfamilias, von dem Rechte der Gewaltentlassung Gebrauch zu machen oder nicht.

In gleicher Weise war im älteren deutschen Recht kein Bedürfnis für den Geschäftsherrn vorhanden, sich durch Vereinbarungen mit seinen Angestellten vor deren Konkurrenz zu schützen.

In Deutschland entwickelte sich ein eigentlicher Kaufmannsstand überhaupt erst im Anfang des zweiten Jahrtausends. Von Angestellten konnte jedoch für die nächsten Jahrhunderte in Anbetracht des geringen Umfanges und der niedrigen Stufe, auf welcher der Handel damals im allgemeinen stand, noch kaum die Rede sein: Wie der filiusfamilias im römischen Recht, so waren es auch hier meist Familienangehörige des Geschäftsinhabers, die mit der kaufmännischen Hilfstätigkeit betraut wurden. Nur die größeren Firmen beschäftigten wohl gelegentlich gegen Gehalt angestellte Handlungsdiener, jedoch auch nur in verschwindend geringer Zahl.

Mit zunehmender Bedeutung von Handel und Gewerbe bildete sich das Institut der Zünfte aus, innerhalb deren feststehende Statuten für die Gehilfen galten, die sie fast in die gleiche abhängige Stellung dem Prinzipal gegenüber brachten, welche die Lehrlinge einnahmen. Durch diese Statuten waren dem Dienstherrn die weitgehendsten Rechte eingeräumt, während die Gehilfen genau genommen nur Verpflichtungen der mannigfachsten Art auf sich zu nehmen hatten:

---

gotiatur idem genus negotii exercere. Scaevola respondit non posse prohiberi.

l. 2 Dig. XXXVII. 14: Liberti homines negotiatione licita prohiberi a patronis non debent.

Sie mußten sich für eine bestimmte, ein für allemal festgesetzte Reihe von Jahren ihrem Dienstherrn verpflichten; für diese Zeit waren sie unter allen Umständen gebunden, falls der Dienstherr nicht vorher das Dienstverhältnis aufhob (wozu er allerdings der Genehmigung des Zunftvorstandes bedurfte). Es war ihnen das Schlafen außerhalb des Hauses untersagt, der Besuch von Kneipen und berüchtigten Häusern, das Würfeln usw. Auch durften sie weder für eigene noch für Rechnung eines anderen Prinzipals Geschäfte betreiben.

Was den Gehilfen aber hinsichtlich der Ausübung seines Berufes in völlige Abhängigkeit brachte, war die Bestimmung, daß der Prinzipal einem anderen, einen Kommis niemals ausmieten und ihn auch nach Ablauf der Dienstzeit bei seinem bisherigen Prinzipal gegen dessen Willen nicht übernehmen durfte. Zudem war durch das Verbot der Koalition[1]) den Gehilfen die Möglichkeit genommen, durch einheitliches Vorgehen günstigere Statuten zu erzwingen.[2])

Wollte der Gehilfe sich selbständig machen und in dem Gebiete seiner bisherigen Tätigkeit bleiben, so war er dabei allerdings nicht direkt von dem Willen seines bisherigen Dienstherrn abhängig; wohl aber bedurfte er dazu der Einwilligung der Zunft, zu der dieser ja auch gehören mußte und deren Mitglieder sich verständlicher Weise meist nicht abgeneigt zeigten, wenn es galt, die Gefahr neuer Konkurrenz zu verhüten.

---

[1]) „Jeglichen Aufflauffs, Versammlung oder heimlichen Konspiration, wodurch der Kauffmann in Last und Mühe möchte kommen.“

[2]) Vgl. zu dem Gesagten: Handwörterbuch der Staatswissenschaften Bd. IV. S. 985 ff. (Adler, Handlungsgehilfe.)

Auch das Konzessionssystem, demzufolge zum Betrieb eines Gewerbes nicht mehr die Zustimmung der betreffenden Zunft, sondern staatliche Genehmigung erforderlich war, bedeutete auf die Dauer keinen nennenswerten Fortschritt. Ein solcher war erst möglich nach Einführung der Gewerbefreiheit.

I. Beurteilung der Konkurrenzklauseln bis zur Einführung des neuen HGB.

Wie das Prinzip der Gewerbefreiheit erst im Laufe des vorigen Jahrhunderts in ganz Europa Eingang fand, so schritt diese Entwickelung auch im besonderen in Deutschland nur allmählich fort: Hier war es zuerst Preussen, wo nach dem Vorbilde Frankreichs in dem Gewerbesteueredikt vom 2. November 1810 [1]) die Gewerbefreiheit verkündet wurde, während fast ein halbes Jahrhundert darüber verging, bis die übrigen deutschen Staaten sich diesem Beispiel anschlossen. In Ergänzung dieses Edikts wurde zur Beseitigung der Ungewißheit, ob die prinzipiell gewährleistete Gewerbefreiheit vertraglich beschränkt werden könne, die Kabinettsordre vom 19. April 1813 [2]) erlassen. Danach waren solche Vereinbarungen nur dann gültig, wenn ihr Abschluß in die Zeit vor Erlaß des Edikts vom 2. November 1810 fiel, während die nach diesem Zeitpunkt abgeschlossenen, als gegen die Bestimmungen eines Landesgesetzes verstoßend, für nichtig erklärt wurden.

Dieser Bestimmung folgend pflegte auch das preußische Obertribunal zu entscheiden, indem es grundsätzlich jede, auch die geringste, Beschränkung der persönlichen Gewerbefreiheit als damit unvereinbar und daher nichtig erklärte. [3]) Zu diesem Ergebnis kam es

---

[1]) Gesetzsammlung f. d. preuß. Staaten 1810, S. 79.

[2]) Gesetzsammlung f. d. preuß. Staaten 1813, S. 69.

[3]) Vgl. u. a. Striethorst Bd. 39, S. 59. Bd. 48, S. 282, Bd. 52, S. 229.

jedoch nur, wenn es sich um Konkurrenzbeschränkungen gegenüber selbständigen Gewerbetreibenden handelte, und zwar auf Grund der Erwägung, daß die Gewerbefreiheit nach dem Edikt von 1810 nur denen garantiert sei, die einen bestimmten Erwerbszweig auf Grund eines Gewerbescheins ausübten und daß demnach die Tätigkeit aller unselbständigen Gewerbetreibenden nicht unter den „Betrieb eines Gewerbes" im Sinne des Gesetzes falle.[1]) Es liegt auf der Hand, daß diese Rechtsprechung, die eine offensichtliche Bevorzugung des wirtschaftlich Stärkeren auf Kosten des Schwächeren bedeutete, wenig befriedigend war und auch kaum innere Berechtigung beanspruchen konnte.

Lag der Fall so, daß der Betrieb eines Gewerbes auf einem bestimmten Grundstücke untersagt war, so wurde darin kein Widerspruch mit dem Gewerbesteueredikt gesehen, da es sich bei einer solchen Bestimmung nicht sowohl um eine Einschränkung der persönlichen Freiheit eines Einzelnen, als um dingliche Belastung eines Grundstücks handelte.[2])

Auch fand der Grundsatz der Ungültigkeit von Konkurrenzvereinbarungen keine Anwendung, wenn sie in Landesteilen abgeschlossen waren, in denen die Kabinettsordre von 1813 keine Gesetzeskraft erlangt hatte.[3])

Die Einführung der Gewerbeordnung vom 17. Januar 1845 in ganz Preußen brachte in dieser Beziehung kein befriedigenderes Resultat: In ihrem § 1 war das Prinzip der Gewerbefreiheit aufrecht erhalten, und unter Zugrundelegung nur dieses Gesetzes mußte man zur grundsätzlichen Gültigkeit vertraglicher Konkurrenz-

---

[1]) Vgl. Striethorst Bd. 11, S. 238.
Goldschmidt: Z. H. R. Bd. 8, S. 159.

[2]) Vgl. Striethorst Bd. 4, S. 187. Bd. 88, S. 139.

[3]) Vgl. u. a. Striethorst Bd. 11, S. 238. Bd. 47, S. 103.

beschränkungen gelangen, da es kein ausdrückliches Verbot derselben enthielt. Es war jedoch fraglich, ob die Bestimmungen der Kabinettsordre auch jetzt noch maßgebend bleiben sollten, oder nicht. Und so blieb die Rechtsprechung wie bisher schwankend, da alle Konkurrenzklauseln für grundsätzlich gültig oder ungültig erachtet wurden, je nachdem man diese Frage verneinte oder bejahte.

Die Gewerbeordnung für den norddeutschen Bund vom 21. Juni 1869, die spätere Reichsgewerbeordnung, war gleichfalls nicht geeignet, diese Zweifel und die sich daraus ergebende Rechtsunsicherheit zu beseitigen: Das preußische Obertribunal vertrat zunächst weiter die Ansicht, daß alle Konkurrenzbeschränkungen durch Verträge mit selbständigen Gewerbetreibenden nichtig seien, da sie dem Prinzip der Gewerbefreiheit widersprächen.[1]) Bald aber wechselte es seinen Standpunkt: Während es aufänglich davon ausgegangen war, daß auch die durch Vertrag zwischen mehreren Personen begründeten persönlichen Rechte unter die „ausschließlichen Gewerbeberechtigungen" fielen, von denen der § 10 der Gewerbeordnung redet, kam es nunmehr zu dem Resultat, daß man nur absolute, also solche Rechte darunter zu verstehen habe, die von dinglicher Kraft seien und sich in ihrer Wirkung auf eine unbestimmte Zahl von Personen erstreckten. Auch sprach es aus, daß die vertraglichen nicht zu den „Beschränkungen" des § 1 zu rechnen seien[2]), und kam damit zu dem Ergebnis der prinzipiellen Zulässigkeit aller vertragsmäßigen Beschränkungen der Gewerbefreiheit.

---

[1]) Vgl. u. a. Entsch. d. Ob.-Trib. Bd. 77, S. 231.

[2]) Vgl. Entsch. d. Ob.-Trib. Bd. 80, S. 1.

Auf demselben Standpunkte stand auch schon früher das Reichsoberhandelsgericht [1]), sowie das Reichsgericht.

Wie im einzelnen nach der früheren Rechtsprechung die Grenzen beschaffen sein mußten, innerhalb deren im konkreten Falle eine Konkurrenzklausel verbindlich war, läßt sich im wesentlichen dahin zusammenfassen, daß die Beschränkung nicht mit den Grundsätzen der Billigkeit und Sittlichkeit, sowie mit dem öffentlichen Interesse in Widerspruch stehen durften. Es erübrigt sich, an dieser Stelle eine ausführlichere Darstellung der Ergebnisse der Judikatur vor dem 1. Januar 1898 zu geben, da darauf noch im weiteren Verlaufe der Abhandlung bei Besprechung der jetzt über die Konkurrenzklausel geltenden Vorschriften eingegangen werden soll.

---

[1]) Vgl. R. O. H. G. E. Bd. 7, S. 418; Bd. 12, S. 29; Bd. 16, S. 160; Bd. 21, S. 262.

II. Entstehungsgeschichte der jetzt über die Konkurrenzklausel[1]) geltenden Vorschriften.

Die seit dem 1. Januar 1898 geltenden Vorschriften über die Konkurrenzklausel sind in folgenden Paragraphen des neuen Handelsgesetzbuchs enthalten:

§ 74: Eine Vereinbarung zwischen dem Prinzipal und dem Handlungsgehilfen, durch welche dieser für die Zeit nach der Beendigung des Dienstverhältnisses in seiner gewerblichen Tätigkeit beschränkt wird, ist für den Handlungsgehilfen nur insoweit verbindlich, als die Beschränkung nach Zeit, Ort und Gegenstand nicht die Grenzen überschreitet, durch welche eine unbillige Erschwerung des Fortkommens des Handlungsgehilfen ausgeschlossen wird.

Die Beschränkung kann nicht auf einen Zeitraum von mehr als drei Jahren von Beendigung des Dienstverhältnisses an erstreckt werden.

Die Vereinbarung ist nichtig, wenn der Handlungsgehilfe zur Zeit des Abschlusses minderjährig ist.

§ 75: Gibt der Prinzipal durch vertragswidriges Verhalten dem Handlungsgehilfen Grund, das Dienstverhältnis gemäß den Vorschriften der §§ 70, 71 aufzulösen, so kann er aus einer Vereinbarung der im § 74 bezeichneten Art Ansprüche nicht geltend machen.

---

[1]) Wenn im Folgenden von Konkurrenzklauseln schlechthin die Rede ist, so sind damit speziell die der Handlungs-Gehilfen und -Lehrlinge gemeint.

Das Gleiche gilt, wenn der Prinzipal das Dienstverhältnis kündigt, es sei denn, daß für die Kündigung ein erheblicher Anlaß vorliegt, den er nicht verschuldet hat, oder daß während der Dauer der Beschränkung dem Handlungsgehilfen das zuletzt von ihm bezogene Gehalt fortgezahlt wird.

Hat der Handlungsgehilfe für den Fall, daß er die in der Vereinbarung übernommene Verpflichtung nicht erfüllt eine Strafe versprochen, so kann der Prinzipal nur die verwirkte Strafe verlangen; der Anspruch auf Erfüllung oder auf Ersatz eines weiteren Schadens ist ausgeschlossen. Die Vorschriften des Bürgerlichen Gesetzbuchs über die Herabsetzung einer unverhältnismäßig hohen Vertragsstrafe bleiben unberührt.

Vereinbarungen, welche diesen Vorschriften zuwiderlaufen, sind nichtig.

Diese Bestimmungen haben verschiedene Wandlungen durchgemacht, bis sie in der heutigen Fassung Gesetz wurden:

Der erste im Reichsjustizamt aufgestellte und von einer Sachverständigen-Kommission im Reichs-Justizamt bearbeitete Entwurf eines neuen H. G. B. erschien im Jahre 1896 und enthielt nur im § 67 Vorschriften über die Konkurrenzklausel. Der Absatz I dieses Paragraphen hat wörtlich Aufnahme in dem neuen H. G. B. gefunden und zwar im Abs. I des § 74. Der zweite Absatz des ersten Entwurfs lautete:

„Löst der Prinzipal, ohne daß in der Person des Handlungsgehilfen ein genügender Grund vorliegt, das Dienstverhältnis auf, oder gibt er durch vertragswidriges Verhalten dem Handlungsgehilfen Veranlassung zur Auflösung des Dienstverhältnisses, so kann er aus einer Vereinbarung der im Abs. I bezeichneten Art Ansprüche nicht geltend machen; eine entgegenstehende Vereinbarung ist nichtig."

Er stimmt also im wesentlichen mit § 75 Abs. 1 des neuen H. G. B. überein, nur fehlt ihm die später hinzugefügte Ausnahmebestimmung des jetzigen § 75, daß der Prinzipal auch, wenn er selbst das Dienstverhältnis kündigt, Ansprüche aus der Konkurrenzklausel geltend machen kann, falls für die Kündigung ein erheblicher Anlaß vorliegt, den er nicht verschuldet hat, oder wenn während der Dauer der Beschränkung dem Handlungsgehilfen das zuletzt bezogene Gehalt fortgezahlt wird.

Der erste Entwurf wurde nach seiner Veröffentlichung Gegenstand lebhafter Erörterungen und scharfer Kritik von Gelehrten, Praktikern und Angehörigen des Handelsstandes, nicht zum wenigsten der § 67, der infolgedessen mancherlei Abänderungen, und zwar zugunsten des Handlungsgehilfenstandes erfuhr. Von besonderem Einfluß waren dabei die Ergebnisse des 23. Deutschen Handelstages, der am 15. und 16. Oktober 1896 in Berlin getagt hatte.

Zunächst äußerlich betrachtet wurde der § 67 der ersten Fassung in zwei zerlegt, und zwar in die Paragraphen 73 und 74. Der ursprüngliche § 67 blieb im Abs. 1 des nunmehrigen § 73 bestehen, während als Abs. 2 die Bestimmung Aufnahme fand:

> „Die Vereinbarung ist nichtig, wenn der Handlungsgehilfe zur Zeit des Abschlusses minderjährig ist."

Der erste Absatz des § 74 stimmte inhaltlich mit dem Absatz 2 des bisherigen § 67 überein, während er dem Wortlaut nach einige Änderungen erfuhr und nunmehr lautete:

> „Kündigt der Prinzipal das Dienstverhältnis, ohne daß ein von ihm nicht verschuldeter erheblicher Anlaß vorliegt, oder gibt er durch vertragswidriges

Verhalten dem Handlungsgehilfen Grund, das Dienstverhältnis gemäß den Vorschriften der §§ 69, 70 aufzulösen, so kann er aus einer Vereinbarung der bezeichneten Art Ansprüche nicht geltend machen."

Der „Entwurf eines Handelsgesetzbuchs" in der neuen Fassung gelangte am 22. Januar 1897 an den Reichstag, wo er im Plenum in der 170. bis 172. Sitzung, vom 8.—10. Februar 1897 durchberaten wurde. Von den Rednern, die sich über den Entwurf äußerten, sprach allein der Abgeordnete Stadthagen seine Ansicht dahin aus, daß jede Vereinbarung von Konkurrenzklauseln unbillig, daß sie mit dem Prinzip gegen Wucher unvereinbar seien und deshalb überhaupt verboten werden müßten.[1]) Daß aber das prinzipielle Verwerfen jeder Möglichkeit der Vereinbarung von Konkurrenzklauseln eine Ungerechtigkeit gegen die Prinzipale bedeuten würde, darüber waren sich die übrigen Abgeordneten, die zu der Frage Stellung nahmen, einig. Andererseits wurde auch anerkannt, daß der Handlungsgehilfe vor unbilliger Beschränkung seiner gewerblichen Tätigkeit seitens des Prinzipals bewahrt werden müsse. Eine solche unbillige Beschränkung würde, wie es der Abgeordnete Lenzmann[2]) aussprach, dann vorliegen, wenn mit der vertraglichen Ausschließung der Zukunftskonkurrenz nicht eine Entschädigung des in der Konkurrenz Beschränkten Hand in Hand ginge. Es müsse sich also immer um ein Abkaufen der Konkurrenz des Gehilfen seitens des Prinzipals handeln, es müsse der Konkurrenzenthaltung des Gehilfen eine wirkliche Leistung auf Seiten des Prinzipals gegenüberstehen.

---

[1]) Vgl. Hahn-Mugdan S. 522.

[2]) Vgl. Hahn-Mugdan S. 529.

Während von einer Seite[1]) ein weitgehendes Ermessen des Richters hinsichtlich der Bestimmungen einer vereinbarten Konkurrenzklausel gerade als wünschenswert bezeichnet wurde, erschien es anderen erforderlich, dem richterlichen Ermessen bei der Entscheidung über die Frage, ob im einzelnen Falle die Einhaltung der Klausel eine unbillige Erschwerung des Fortkommens des Gehilfen zur Folge haben würde, bestimmte Grenzen zu ziehen.[2])

Von linksstehender Seite wurde auf Vorschlag der Kommission für Arbeiterstatistik für den Fall, daß die Konkurrenzklausel als notwendig Aufnahme im neuen H.G.B. fände, eine Begrenzung einmal in zeitlicher Beziehung verlangt, und zwar von einem Jahr nach Dienstaustritt des Gehilfen, und sodann in räumlicher Hinsicht von einem Kilometer im Umkreis der Betriebsstätte.[3]) Weiter wurde eine bestimmte Grenze für die Höhe der zulässigen Konventionalstrafe gefordert, und zwar wurde als solche die Hälfte des vom Gehilfen bezogenen Jahresgehalts vorgeschlagen.[4])

Auf dahingehenden Vorschlag des Vereins für Handlungskommis aus dem Jahre 1858 zu Hamburg war noch der Antrag gestellt worden[5]), die Vereinbarung von Konkurrenzklauseln nur bei solchen Angestellten für zulässig zu erklären, die mindestens ein jährliches Gehalt von 3000 Mark bezögen. Demgegenüber wurde darauf hingewiesen[6]), daß dieser Antrag der inneren Berechtigung entbehre, da die Höhe des Lohnes mit der Bedeutung des Verbotes durchaus in keinem

---

1) Abg. Bassermann (Hahn-Mugdan S. 503).
2) Abg. Lenzmann (Hahn-Mugdan S. 529).
3) Vgl. des Näheren unten S. 41. 42.
4) Abg. Stadthagen (Hahn-Mugdan S. 523).
5) Abg. v. Buchka (Hahn-Mugdan S. 483).
6) Abg. Roeren (Hahn-Mugdan S. 468).

Verhältnis stehe und zu stehen brauche. Weiter wurde noch die Unzweckmäßigkeit des Abs. 2 des § 73 betont: Diese Bestimmung beabsichtige eine Wohltat für den Gehilfen, erreiche aber gerade das Gegenteil. Denn wenn der Prinzipal nicht in der Lage wäre, mit dem minderjährigen Angestellten eine gültige Konkurrenzklausel zu vereinbaren, müsse er fürchten, daß der bei ihm tätig gewesene Gehilfe seine Kenntnisse der internsten Geschäftsverhältnisse für ein Konkurrenzgeschäft verwerten würde, wenn er in keiner Weise daran gehindert werden könne. Kaum ein Prinzipal würde daher von Stund an minderjährige Handlungsgehilfen oder Lehrlinge mehr anstellen wollen, und deren Ausbildung würde dadurch in bedenklicher Weise erschwert werden.

Demgegenüber wurde betont, es dürfe nicht zugelassen werden, daß minderjährige Personen Verpflichtungen eingingen, deren Tragweite sie nicht übersähen. Auch die Zustimmung des Vormundes biete keine Gewähr für die Wahrung der Interessen des Minderjährigen.[1])

Auf Antrag des Abgeordneten Roeren[2]) wurde einstimmig beschlossen[3]), den Entwurf in der Reichstagsvorlage einer Kommission von 21 Mitgliedern zu überweisen, die sich bereits am 11. Februar konstituierte und die Beratung der ersten Lesung in 10 Sitzungen, die der zweiten in 6 Sitzungen erledigte.

Alle den § 73 betreffenden Abänderungsvorschläge,[4]) lehnte die Kommission ab mit Ausnahme des Antrages auf Einfügung des Zusatzes, daß eine Beschränkung

---

[1]) Hahn-Mugdan S. 468. 569.
[2]) Hahn-Mugdan S. 471.
[3]) Hahn-Mugdan S. 531.
[4]) Vgl. im einzelnen Hahn-Mugdan S. 564 ff.

der gewerblichen Tätigkeit nur bis zur Zeitdauer von drei Jahren zulässig sein sollte, der als Absatz 2 Aufnahme fand.

Betreffs des § 74 Abs. 1 war nur ein Abänderungsantrag gestellt, der dahin ging, dem Prinzipal, falls er ohne Vorliegen eines erheblichen von ihm nicht verschuldeten Anlasses gekündigt hätte, die Wahl zu lassen, ob er entweder: 1. für die Dauer der vertragsmäßigen Konkurrenzbeschränkung, längstens für 3 Jahre, dem Gehilfen sein Gehalt unverkürzt weiterzahlen und dadurch die Konkurrenzklausel aufrecht erhalteu, oder: 2. ohne Gehaltsweiterzahlung auf die Einhaltung der Klausel verzichten wolle.

Unter Annahme dieses Antrages erhielt der Absatz 1 des § 74 nunmehr folgende Fassung:

> „Gibt der Prinzipal durch vertragswidriges Verhalten dem Handlungsgehilfen Grund, das Dienstverhältnis gemäß den Vorschriften der §§ 69, 70 aufzulösen, so kann er aus einer Vereinbarung der im § 73 bezeichneten Art Ansprüche nicht geltend machen. Kündigt der Prinzipal das Dienstverhältnis, ohne daß ein von ihm nicht verschuldeter erheblicher Anlaß vorliegt, so kann er Ansprüche aus der Vereinbarung nur geltend machen, wenn dem Handlungsgehilfen für die Zeit der Beschränkung das zuletzt von ihm bezogene Gehalt unverkürzt fortgezahlt wird.“

In dieser Fassung mit den Abänderungen der Kommission gelangte der Entwurf im Plenum des Reichstages zur zweiten Beratung. Noch einmal kam es zu lebhaften Debatten. Auch jetzt wurde von sozialdemokratischer Seite[1]) nochmals dafür gesprochen, daß alle Konkurrenzklauseln zwischen Prinzipal und Gehilfen für nichtig erklärt würden. Denn ihre Auf-

---

[1]) Abg. Singer (Hahn-Mugdan S. 680 ff).

rechterhaltung bedeute lediglich ein Zugeständnis an das Unternehmertum und eine schwere Schädigung der Klasse der Gehilfen. Auch könne dem Richter kein so weitgehendes Recht freien Ermessens eingeräumt werden, wie es in den §§ 73, 74 der Vorlage geschehe. Von rechtsstehender Seite[1]) wurde entsprechend der Regierungsvorlage beantragt, den Abs. 2 des § 73 der Kommissionsvorlage, in dem die Dauer der Konkurrenzenthaltung auf einen Zeitraum von 3 Jahren seit Beendigung des Dienstverhältnisses beschränkt werden sollte, wieder zu streichen.[2]) Dabei wurde ausdrücklich betont, daß dieser Antrag ebenso das Interesse der Angestellten wie der Prinzipale im Auge habe.[3])

Von derselben Seite war noch betr. des § 74 beantragt, den 2. Satz des Absatz 1[4]) zu streichen, mit

---

[1]) Abg. v. Stumm-Halberg (Hahn-Mugdan S. 685 ff.).

[2]) Ebenso Abg. Himburg (Hahn-Mugdan S. 696).

[3]) Seitens der Regierung (Staatssekretär des Reichsjustizamts Dr. Nieberding) wurde noch besonders auf das Bedenkliche hingewiesen, das eine derartige mechanische Beschränkung gerade für die Handlungsgehilfen mit sich bringe, denen man dadurch nützen wolle: die Folge würde sein, daß von Stund an die meisten Abkommen in der Tat auf diesen Maximalzeitraum abgeschlossen würden, da die öffentliche Meinung aus dieser Festsetzung des Höchstbetrages den unrichtigen Schluß ziehen würde, daß bis zu dieser Grenze Konkurrenzbeschränkungen in der Regel zulässig seien. (Vgl. Hahn-Mugdan S. 691, ebenso auch bereits im Komm.-Ber. Hahn-Mugdan S. 568.)

[4]) „Das Gleiche" (daß der Prinzipal keine Rechte aus der Konkurrenzklausel geltend machen kann) „gilt, wenn der Prinzipal das Dienstverhältnis kündigt, es sei denn, daß für die Kündigung ein erheblicher Anlaß vorliegt, den er nicht verschuldet hat, oder daß während der Dauer der Beschränkung dem Handlungsgehilfen das zuletzt von ihm bezogene Gehalt fortgezahlt wird."

der Begründung, daß es für den Prinzipal unbillig sei, wollte man die Konkurrenzklausel in allen Fällen der Kündigung von seiner Seite fallen lassen, bei denen für den Richter ein erheblicher Anlaß zur Kündigung nicht erkennbar wäre. Es könnten sehr wohl Fälle eintreten, in denen es dem Prinzipal unmöglich gemacht werde, das Dienstverhältnis mit dem Gehilfen weiterzuführen infolge passiven Widerstandes und schikanösen Verhaltens des Gehilfen, das juristisch vielleicht nicht greifbar sei. [1])

Auch seitens des Zentrums [2]) wurde nochmals für die Notwendigkeit der Zulassung von Konkurrenzklauseln im Hinblick auf das vielfach durchaus gerechtfertigte Interesse der Prinzipale gesprochen. Es wurde hervorgehoben, wie gelegentlich der ersten Beratung [3]), daß man wohl oder übel zu dem an sich vielleicht bedenklichen Mittel greifen müsse, im einzelnen Falle die Entscheidung dem richterlichen Ermessen zu überlassen, inwieweit eine unbillige Erschwerung des Fortkommens für den Handlungsgehilfen in der Konkurrenzklausel zu erblicken sei.

Der gelegentlich der ersten Beratung und in der Kommission gestellte und abgelehnte Antrag Bassermann, die Vereinbarung einer Konventionalstrafe gegenüber Gehilfen mit einem Jahresgehalt von weniger als 3000 Mark für ungültig zu erklären, wurde nochmals wiederholt. [4])

Alle diese Anträge wurden jedoch abgelehnt und

---

[1]) Abg. Stumm-Halberg (Hahn-Mugdan S. 688), vgl. auch Kommissionsbericht zu § 74 (Hahn-Mugdan S. 569).

[2]) Abg. Roeren (Hahn-Mugdan S. 692 ff.).

[3]) Hahn-Mugdan S. 467.

[4]) Abg. Galler (Hahn-Mugdan S. 695).

die §§ 73, 74 in der Fassung der Kommissionsvorlage angenommen.[1]) Nach der dritten Beratung im Plenum des Reichstages[2]) erfolgte dann die einstimmige Enbloc-Annahme des „Handelsgesetzbuchs nebst dem Einführungsgesetze".

---

[1]) Hahn-Mugdan S. 696. 697.

[2]) 7. April 1897 (Hahn-Mugdan S. 762. 763).

III. Inhalt und Wesen der Konkurrenzklausel.

Unter einer Konkurrenzklausel im Sinne des § 74 H. G. B. versteht man der Definition zufolge, die das Gesetz gibt, eine Vereinbarung zwischen Prinzipal und Handlungsgehilfen, durch welche dieser für die Zeit nach der Beendigung des Dienstverhältnisses in seiner gewerblichen Tätigkeit beschränkt wird.

Die Sachverständigenkommission, welche den Entwurf im Reichs-Justizamt bearbeitete (s. oben S. 16), hatte den Begriff der Konkurrenzklausel enger gefaßt, und sie definiert als „Vertragsabrede zwischen Prinzipal und Handlungsgehilfen, wonach dem letzteren für den Fall des Austritts aus dem Geschäft hinsichtlich des Eintritts in ein anderes Geschäft oder hinsichtlich der Errichtung eines solchen Beschränkungen auferlegt werden." [1])

Was zunächst die Begriffe „Vertragsabrede" und „Vereinbarung" anlangt, so ist m. E. die von Reinshagen [2]) gegebene Begründung dafür, daß der Gesetzgeber den weiteren Oberbegriff vorzog, durchaus zutreffend: Unter die Bezeichnung „Vertragsabrede" (die lateinische clausula) fallen nur mit dem Hauptvertrage formell verbundene Nebenverträge. Es würden also solche Vereinbarungen auszuscheiden sein, die erst nach Abschluß

[1]) Vgl. Düringer u. Hachenburg, Das Handelsgesetzbuch vom 10. Mai 1897, Mannheim 1899. S. 234 I zu § 74.

[2]) Vgl. Reinshagen, Die Konkurrenzklausel des Handlungsgehilfen, Leipzig 1903, S. 17, 18.

des Hauptvertrages getroffen sind. Das würde aber dem Willen des Gesetzgebers nicht entsprechen und auch der inneren Berechtigung entbehren. Das Wesentliche für den Begriff der Konkurrenzklausel ist vielmehr nur, daß die Vereinbarung vor Beendigung des Dienstverhältnisses (gleichgültig ob vor bezw. bei Beginn oder während der Dauer desselben), also jedenfalls zwischen Prinzipal und Handlungsgehilfen getroffen ist; nicht etwa erst, nachdem dieses Vertragsverhältnis sein Ende erreicht hat, sich somit auch nicht mehr Prinzipal und Gehilfe als Kontrahenten gegenüberstehen.[1])

Auch betreffs der von dem Handlungsgehilfen übernommenen Verpflichtung sind die Grenzen der Konkurrenzklausel erweitert worden. Während die Sachverständigenkommission darunter nur „Beschränkungen hinsichtlich des Eintritts in ein anderes Geschäft oder hinsichtlich der Errichtung eines solchen“ verstanden

---

[1]) Streng genommen ist daher der Ausdruck Konkurrenz-„Klausel“ nicht zutreffend, insofern damit allgemein eine dem Hauptvertrage hinzugefügte und auch mit ihm gleichzeitig in Kraft tretende Nebenbestimmung bezeichnet wird, die also einen Nebenbestandteil desselben bildet, während eine Vereinbarung im Sinne des § 74 H. G. B. sehr wohl auch den Gegenstand eines selbständigen Vertrages zwischen Prinzipal und Handlungsgehilfen bilden kann. Wenn Pappenheim („zu Art. 1 Abs. 2 und 3 des Einführungsgesetzes zum Handelsgesetzbuch vom 10. Mai 1897“ in Gruchots Beiträgen Bd. 42, S. 330, Anm. 44) auf Grund dieser Erwägungen den Ausdruck „Konkurrenzausschließungsvereinbarungen“ vorschlägt, so mag diese Bezeichnung vom Standpunkte der Logik, aber auch nur von diesem aus betrachtet den Vorzug verdienen. Denn es erscheint ausgeschlossen, daß dieses Wortgebilde sich in der Praxis jemals einbürgern könnte. Der Begrift „Konkurrenz-Klausel“ ist dagegen längst ein üblicher, allgemein verständlicher und nicht mehr mißverstandener geworden, weshalb er auch in der vorliegenden Arbeit trotz der erwähnten Bedenken beibehalten werden soll.

wissen wollte, fallen nach geltendem Recht jegliche Beschränkungen der gewerblichen Tätigkeit des Handlungsgehilfen darunter, also auch beispielsweise die Übernahme der Verpflichtung seitens des Gehilfen, die ihm vermöge des Dienstverhältnisses anvertrauten oder sonst zugänglich gewordenen Geschäfts- und Betriebsgeheimnisse nach Beendigung des Dienstverhältnisses geheim zu halten oder sie zum Zweck des Wettbewerbes nicht zu verwerten.[1])

Die gegenteilige Ansicht[2]) erscheint mir völlig unhaltbar. Denn wenn ihre Vertreter meinen, daß die Übernahme einer solchen Verpflichtung seitens des Gehilfen nicht den Inhalt einer Konkurrenzklausel bilden könne, müssen sie schlechterdings jede Möglichkeit leugnen, daß darin überhaupt „ein die Freiheit der Willensentschließung des Handlungsgehilfen beeinträchtigender Zwang rücksichtlich seiner gewerblichen Tätigkeit"[3]) liegen könne. Es ist ohne weiteres zuzu-

---

[1]) So auch Staub: Kommentar zum H. G. B. 8. A. I. Bd. Berlin 1906. Anm. 2 zu § 74. S. 337.

Ritter: „Die Konkurrenzklausel im neuen Recht," Jur.-Zeitg. VII. Jahrg. Nr. 15, S. 350.

Reinshagen a. a. O. S. 19. 20. 24.

Reichsgericht: Urteil v. 24. II. 03. in Gruchot Beitr. 47. Jahrg. S. 79; i. Recht. Jahrg. 1903, S. 215.

Kohler: ges. Abhandlungen aus d. gemein. u. französ. Zivilrecht, Mannheim 1883, S. 74.

Der Abgeordnete Bassermann äußerte sich sogar bei der Beratung im Reichstag dahin, daß er eine Konkurrenzklausel überhaupt nur da für berechtigt halte, wo Geschäfts- und Betriebsgeheimnisse zu schützen seien (Hahn-Mugdan, S. 505).

[2]) Makower, Handelsgesetzbuch mit Kommentar. 13. A. Berlin 1906. I. Band. Anm. 1d zu § 74, S. 227.

Goldmann, Das Handelsgesetzbuch vom 10. Mai 1897. 1. Bd. Berlin 1901. Anm. 1. III. zu § 74, S. 360.

Düringer-Hachenburg a. a. O. S. 239, 240.

[3]) Vgl. Goldmann a. a. O. S. 358.

geben, daß dies durchaus nicht der Fall zu sein braucht, denn häufig wird die Kenntnis der Geschäftsgeheimnisse seines früheren Prinzipals für den Gehilfen gar nicht derart sein, daß er sie für sein Fortkommen sich nutzbar machen könnte. In wie vielen Fällen werden ihm aber, namentlich beispielsweise bei Errichtung eines eigenen Geschäfts, derartige Kenntnisse bezw. die Verwertung und Ausnutzung derselben von hohem Werte sein!

Einen noch schrofferen Standpunkt nimmt offenbar Fuld[1]) ein, wenn er von vornherein jede Klausel für unbillig hält, durch die dem Gehilfen die Nutzbarmachung seiner Kenntnisse (zu denen doch jedenfalls auch eventuelle Kenntnis der Geschäftsgeheimnisse seines bisherigen Prinzipals gehören würden) für unbillig hält.

Als Konkurrenzklauseln, auf welche die Paragraphen 74 und 75 Anwendung finden, kommen nach dem klaren Wortlaut des Gesetzes nur solche in Betracht, die der Prinzipal mit seinen Gehilfen und Lehrlingen (§ 76 Abs. 1) vereinbart. Daß also beispielsweise Konkurrenzklauseln zwischen selbständigen Kaufleuten, zwischen dem Prinzipal und den bei ihm als Gewerbegehilfen Angestellten (§ 133a der Gewerbeordnung) usw. nicht nach den Vorschriften der §§ 74, 75 H. G. B. zu beurteilen sind, braucht m. E. gar nicht ausdrücklich hervorgehoben zu werden, wie dies Reinshagen[2]) für erforderlich hält. Unerörtert läßt er jedoch die Frage hinsichtlich des Volontärs, während gerade bei Klauseln, die der Prinzipal mit einem solchen abschließt, zweifelhaft sein kann und in der Tat auch lebhaft umstritten ist, ob sie unter die Paragraphen 74 und 75

---

[1]) Das Recht der Handlungsgehilfen, Hannover 1897, S. 93.
[2]) A. a. O. S. 18.

fallen, ob m. a. W. der Volontär dem Gehilfen bezw. dem Lehrling gleichsteht, oder nicht.

Staub[1]) bejaht diese Frage und meint, alle Vorschriften, die das H. G. B. über Handlungsgehilfen enthalte, außer denen über Entgeltlichkeit der Dienste, seien auch für die Volontäre maßgebend. Insbesondere also auch die Bestimmungen über die Konkurrenzklausel, wie sie die genannten Paragraphen enthalten. M. E. ist man zur analogen Anwendung der für die Handlungsgehilfen geltenden Vorschriften auf die Volontäre nicht berechtigt, aus dem Grunde, weil die für den Begriff des Gehilfen notwendige Voraussetzung der Anstellung gegen Entgelt[2]) beim Volontär nicht gegeben ist. Aber auch dem Lehrling, bei dem ja dieses Moment wegfällt, darf er meiner Ansicht nach nicht gleichgestellt werden: der wesentliche Unterschied besteht darin, daß beim Volontär, im Gegensatz zum Gehilfen und Lehrling, für die Art, wie er sich in der betr. Stellung beschäftigen läßt, mehr seine eigenen Wünsche und Zwecke maßgebend sind, als die des Prinzipals. Auch handelt es sich dementsprechend bei Anstellung eines Volontärs auf Seiten des Prinzipals nicht sowohl um Übernahme einer Verpflichtung, als um einen Akt der Gefälligkeit.[3])

Die Konkurrenzklausel stellt sich dar als eine negative Obligation, denn eine ihrer wesentlichen Eigen-

---

[1]) A. a. O. Anm. 10 zu § 59, S. 274; ebenso Düringer-Hachenburg a. a. O. Vorbem. zum VI. Abschnitt, IV. 2, S. 192.

[2]) Vgl. H. G. B. § 59.

[3]) Ebenso Horrwitz, Das Recht der Handlungsgehilfen und Handlungslehrlinge, II. Aufl. Berlin 1905, S. 26; ebenso: Goldmann a. a. O. S. 276 zu § 59. III., v. Schulz: Reichsges. v. 6. Juli 1904, betr. Kaufmannsgerichte. Jena 1905, S. 37, Anm. 8 zu § 5.

schaften besteht darin, daß durch sie die Pflicht zu einem Unterlassen begründet wird.

Wie schon erwähnt, muß sich die Konkurrenzklausel, wenn sie auch in einem besonderen Vertrage vereinbart werden kann, stets an einen anderen (in diesem Fall bereits zum Abschluß gelangten) Vertrag anlehnen. Mit Rücksicht darauf hat Ritter in dem bereits erwähnten Aufsatze die Konkurrenzverträge in Konkurrenz-Haupt- und Konkurrenz-Neben-Verträge eingeteilt, und zwar werden, wie er zutreffend bemerkt, unter die ersteren in der Regel solche Vereinbarungen fallen, bei denen beide Vertragschließende entweder Arbeitgeber oder Arbeitnehmer sind. Hierher gehören demnach vor allem die Trusts, Kartelle, Syndikate und Gewerkschaften; Konkurrenz-Nebenverträge werden gewöhnlich dann vorliegen, wenn Arbeitgeber auf der einen, Arbeitnehmer auf der andern Seite sich als Kontrahenten gegenüberstehen.

Obwohl die Konkurrenzklausel stets ein Konkurrenz-Verbot enthält und auch unter diesen Oberbegriff fällt, so bezeichnet man doch unter „Konkurrenz-Verbot“ im engeren Sinne im Gegensatz zur Konkurrenzklausel etwas wesentlich anderes:

Die in einem Konkurrenz-Verbote übernommene Verpflichtung erstreckt sich lediglich auf die Gültigkeitsdauer des Vertrages, an den sie sich anlehnt. Sie beginnt mit dem Inkrafttreten dieses Vertrages und erlischt notwendigerweise mit dem Ende des betr. Vertragsverhältnisses, während die rechtlichen Folgen der Konkurrenzklausel erst nach Ablauf des Hauptvertrages eintreten, insofern also durch die Beendigung des Dienstverhältnisses befristet erscheinen.[1]) Die Kon-

---

[1]) Ritter a. a. O. S. 351.

kurrenzverbote im engeren Sinne sind entweder solche, die zwischen den Parteien ausdrücklich vereinbart sind, oder die mangels entgegengesetzter Abmachungen kraft Gesetzes eintreten.[1]) Mit Rücksicht darauf scheint es mir übrigens unrichtig, diese gesetzlichen Konkurrenzverbote, wie Ritter will, zu den Nebenverträgen zu zählen. Denn in diesen Fällen tritt mangels besonderer Abrede die Verpflichtung des Handlungsangestellten, Handelsgesellschafters oder Geschäftsführers bei der Aktiengesellschaft zur Konkurrenzenthaltung ohne weiteres sofort mit Abschluß des Dienstbezw. Gesellschaftsvertrages ein. Von einem Nebenvertrage könnte gerade erst dann die Rede sein, wenn die Parteien die Wirksamkeit des Konkurrenz-Verbotes ausschließen wollen.

An eine bestimmte Form ist die Gültigkeit der Konkurrenzklausel nicht gebunden, ihr Abschluß braucht daher (obgleich dies in der Praxis zu geschehen pflegt) keineswegs schriftlich erfolgen.

---

[1]) Vgl. H. G. B. §§ 60, 76, 112, 161, 165, 236, 320, 326.

IV. Die gesetzlichen Vorschriften über die Konkurrenzklausel im einzelnen und ihre Auslegung.

A. Voraussetzungen der verbindlichen Konkurrenzklausel. (Ermäßigungsrecht des Richters.)

Das Gesetz erklärt im § 74 Konkurrenzklauseln zwischen Prinzipal und Handlungsgehilfen grundsätzlich für verbindlich, jedoch nur unter zweifacher Voraussetzung:

1. Die darin enthaltene Beschränkung darf (nach Zeit, Ort und Gegenstand) das Fortkommen des Gehilfen nicht unbillig erschweren.
2. Die Beschränkung kann nicht auf länger als 3 Jahre nach Beendigung des Dienstverhältnisses erstreckt werden.

Diese Erfordernisse, deren Erfüllung das geltende Recht verlangt, sind Neuerungen gegenüber dem früheren: Das Reichsgericht sah bisher bei der Beurteilung der Verbindlichkeit von Konkurrenzklauseln als maßgebend an, ob sie sich im einzelnen Falle als „gegen die Sittlichkeit und öffentliche Ordnung verstoßende Beseitigung der Freiheit wirtschaftlicher Selbstbetätigung" darstellte.[1]) In dieser Beziehung ist der leitende Gesichtspunkt immerhin ein ähnlicher geblieben; denn wenn der § 74 bestimmt, daß die Be-

---

[1]) Vgl. Denkschrift S. 62 (Hahn-Mugdan S. 241).

schränkung die Grenzen nicht überschreiten dürfe, durch welche eine unbillige Erschwerung des Fortkommens des Gehilfen ausgeschlossen werde, so läßt sich diese Vorschrift wohl als Ausfluß des bisher maßgebenden Prinzipes der Sittlichkeit und öffentlichen Ordnung ansehen.

Eine prinzipielle Neuerung von weitgehendster Bedeutung zeigt das heutige Recht gegenüber dem früheren jedoch in folgender Hinsicht:

Vor dem Inkrafttreten von Buch I Abschn. VI des neuen H. G. B. hatte der Richter, wie schon angedeutet, im einzelnen Falle zu prüfen, ob durch die Konkurrenzklausel die Erwerbsfähigkeit des Gehilfen nur beschränkt, oder dessen Freiheit wirtschaftlicher Selbstbetätigung ganz oder in einzelnen Richtungen vernichtet werde. Der Richter hatte dann im ersteren Falle die Gültigkeit, im anderen die Ungültigkeit der Klausel auszusprechen. Wenn also die Vereinbarung sich nicht innerhalb der billigen Grenzen hielt, war dem Prinzipal jeglicher Rechtsschutz unbedingt zu versagen. Denn eine Konkurrenzklausel galt als einheitliches Ganzes und konnte daher hinsichtlich ihrer Gültigkeit nicht zerlegt werden. Dem Richter stand nicht das Recht zu Gebote, auf Grund freien Ermessens den Vertrag so zu beschränken, wie er gültig hätte abgeschlossen werden können; nur die Auslegung und Beurteilung des einzelnen Vertrages lag ihm ob, nicht dessen Abänderung in einem zulässigen Vertrag.[1])

Eine der wesentlichen Bestimmungen des § 74 ist es aber gerade, daß dem Ermessen des Richters ein bedeutend weiterer Spielraum eingeräumt ist: Eine

---

[1]) Vgl. Urteil d. R. G. v. 19. Mai 93. (R. G. E. Bd. 31, S. 100 und Bolze Bd. 16, Nr. 390.)
Jur. Wochenschr. 1901, Nr. 20, S. 725.

Konkurrenzklausel, die über die Grenzen der Billigkeit hinaus dem Gehilfen sein Fortkommen erschwert, ist nicht mehr, wie bisher, schlechthin unverbindlich, sondern nur insoweit die Beschränkung nach Zeit, Ort und Gegenstand diese Grenzen überschreitet, also hinsichtlich des Übermaßes.

Gegenüber dieser Auffassung, zu der man ohne weiteres auf Grund des klaren Wortlautes des Gesetzes gelangen muß[1]), stellt sich allein Fuld[2]) auf einen m. E. absolut unhaltbaren Standpunkt, den er allerdings auch in keiner Weise des Näheren zu begründen versucht. Er meint: Einer Konkurrenzklausel, auch wenn sie nur nach einer Richtung hin eine unbillige Erschwerung des Fortkommens für den Handlungsgehilfen enthalte, sei ihrem ganzen Inhalte nach jede Wirksamkeit zu versagen; und[3]): Eine Konkurrenzklausel sei nur dann gültig, wenn das Fortkommen des Gehilfen durch sie nicht in unbilliger Weise erschwert werde. Wie mag Fuld wohl mit seiner Ansicht die strikte Vorschrift des Gesetzes, daß eine Konkurrenzklausel nur „insoweit verbindlich sei, als . . .“ in Einklang bringen wollen?

Die Härte, die unter Umständen darin für den Prinzipal lag, wenn eine derartige nur in einigen Beziehungen für den Gehilfen zu weit gehende Konkurrenzklausel für völlig ungültig erklärt wurde, hatte man in der Kommission vollkommen erkannt, die einstimmig dem Richter ein Ermäßigungsrecht einräumen wollte, kraft dessen er übermäßige Beschränkungen in

---

[1]) Vgl. u. a. Urteil d. R. G. v. 18. XII. 1903 bei Gruchot, 48. Jahrg., Nr. 25, S. 370, Staub a. a. O. Anm. 5 zu § 74, S. 337. Reinshagen a. a. O. S. 22. Horrwitz a. a. O. S. 152. Ritter a. a. O. S. 353.

[2]) A. a. O. S. 94.

[3]) A. a. O. S. 92.

die der Billigkeit entsprechenden Grenzen zurückweisen könnte [1])

Unrichtig ist übrigens auch die von Fuld aufgestellte Behauptung, eine Erschwerung des Fortkommens sei für den Gehilfen von vornherein in jeder Konkurrenzklausel enthalten [2]), das sei im Wesen und dem mit ihr verbundenen Zweck begründet; eine Klausel, welche dieser Wirkung entbehre, habe praktisch so gut wie keinen Wert. Demgegenüber ist zu bedenken, daß der Gesetzgeber keinesfalls einen solchen „Zweck" des Prinzipals, dem Handlungsgehilfen sein Fortkommen zu erschweren, in dem § 74 hat sanktionieren wollen. Wenn tatsächlich eine dieser Wirkung entbehrende Konkurrenzklausel „so gut wie keinen Wert" für den Prinzipal hätte, so würde die Ausübung seines Rechtes aus der Klausel mithin fast nur den Zweck haben, einem anderen Schaden zuzufügen [3]), also mindestens recht nahe an Chikane grenzen.

M. E. besteht der „Zweck", den der Prinzipal mit dem Abschluß der Konkurrenzklausel verfolgt, oder doch jedenfalls nur verfolgen darf, einzig und allein darin, sich selbst vor Schaden zu schützen, den er seitens des Gehilfen fürchtet, allenfalls sich zu seinem Nutzen dessen Dienste zu sichern. Eine Beschränkung seiner persönlichen Freiheit, speziell der Gewerbefreiheit, bedeutet eine Konkurrenzklausel natürlich unbedingt für den Handlungsgehilfen, er braucht sie aber durchaus nicht in jedem Fall als drückend und für sein Fortkommen hindernd zu empfinden. Um nur ein Beispiel anzuführen: Ein Gehilfe ist in einem Kolonial-

---

[1]) Vgl. Komm.-Ber. S. 40. 41 (Hahn-Mugdan S. 566).

[2]) Fuld, „Zur Regelung der Konkurrenzklausel", bei Gruchot Bd. XLI, S. 574. 575.

[3]) B. G. B. § 226.

warengeschäft einer kleinen Stadt angestellt. Durch eine Konkurrenzklausel hat er sich verpflichtet, innerhalb eines Jahres nach Austritt aus dem Geschäft nicht in das einzige Konkurrenzgeschäft derselben Stadt einzutreten. Der Gehilfe kündigt, um in einer anderen Stadt eine ihm für mehrere Jahre angebotene bessere Stellung anzunehmen, die er auch alsbald antritt. In diesem Falle würde dcr Gehilfe auch bei Fehlen der Konkurrenzklausel nicht anders gehandelt haben. — Von einer Erschwerung des Fortkommens kann also m. E. nicht unbedingt, sondern nur dann die Rede sein, wenn der Gehilfe nach Lösung des bisherigen Dienstverhältnisses unter dem Zwange der Konkurrenzklausel auf eine neue Stellung verzichtet, die er an sich (ohne Bestehen der Konkurrenzklausel) angenommen haben würde.

Die Entscheidung der Frage, inwieweit eine Konkurrenzklausel der Billigkeit entspricht, hat der Richter von Fall zu Fall zu treffen, und zwar hat er, um die Frage zu entscheiden, die Klausel nach drei Richtungen hin zu prüfen: Nach der Zeitdauer, auf die sie erstreckt ist, betreffs der örtlichen Begrenzung, innerhalb deren sie sich bewegt und hinsichtlich des Gegenstandes, bezüglich dessen sich der Gehilfe der Konkurrenz enthalten soll. Damit ist jedoch nicht verlangt, daß die Klausel nach jeder dieser drei Richtungen hin begrenzt sein, oder vom Richter begrenzt werden müßte[1]), vielmehr soll der Richter nach dem Gesamtbild, das die Konkurrenzklausel gewährt, entscheiden, inwieweit die Grenzen der Billigkeit gewahrt

[1]) Vgl. Reinshagen a. a. O. S. 23. Litthauer-Mosse, Handelsgesetzbuch, 13. Aufl., Berlin 1905. S. 92,[9] zu § 74. R. G. E. Bd. 53, S. 157.

a. A. offenbar Düringer-Hachenburg a. a. O. S. 237 V zu § 74.

und inwieweit sie überschritten sind.[1]) Dabei kann eine in örtlicher und sachlicher Beziehung unbegrenzte Konkurrenzklausel mit Rücksicht auf die sonstige Beschaffenheit der Vereinbarung, insbesondere im Hinblick auf umso engere Begrenzung in anderer Hinsicht sehr wohl gültig sein. (Es wird sich später Gelegenheit bieten, darauf noch des Näheren einzugehen.)[2])

Ein allgemein und auf jeden Fall passendes System von Sätzen, nach denen allein der Richter entscheiden könnte, ob eine unbillige Erschwerung des Fortkommens für den Handlungsgehilfen in der zu beurteilenden Konkurrenzklausel zu erblicken ist, oder nicht, läßt sich naturgemäß nicht aufstellen. Denn das praktische Leben wird kaum zwei Fälle aufweisen, die sich wirklich bis in alle in Betracht kommenden Einzelheiten völlig gleich sind. Immerhin werden folgende Sätze als allgemein geltend anzuerkennen sein:

Jede Beschränkung der gewerblichen Tätigkeit des Handlungsgehilfen wird als vollkommen unverbindlich zu erachten sein, wenn auf Seiten des Prinzipals jegliches berechtigte geschäftliche Interesse an der Einhaltung der Konkurrenzklausel fehlt.[3]) Denn eine solche Klausel würde unbedingt im Widerspruch mit unserem heutigen Rechtsempfinden stehen und (wenn sie sich nicht schon als Verstoß gegen § 226 B. G. B. darstellte) jedenfalls eine „Unbilligkeit“ bedeuten.[4])

---

[1]) Staub, a. a. O. S. 338, Anm. 7 zu § 74.

[2]) Vgl. unten S. 42.

[3]) Ritter a. a. O. S. 351. Staub a. a. O. S. 338, Anm. 8 zu § 74. Denkschr. S. 64. (Hahn-Mugdan S. 242.)

[4]) Vgl. Bolze Bd. 13, Nr. 396. 398. Bd. 18, Nr. 408. Denkschr. S. 64. (Hahn-Mugdan S. 242), R. G. i. Jur. Wochenschr. 1900, S. 826. Düringer-Hachenburg a. a. O. S. 237 IV zu § 74.

Vgl. auch oben S. 35.

Ferner wird auch gemäß den heutigen Vorschriften eine nach allen drei Richtungen hin unbeschränkte Konkurrenzklausel, ebenso wie nach früherem Recht, nichtig sein.

Dasselbe wird man endlich auch von solchen Klauseln, trotz enger Begrenzung, sagen können, durch die der Gehilfe, wenn auch nur vorübergehend, brotlos werden oder in Gefahr kommen könnte, ein kümmerliches Dasein zu führen.[1])

Ich nehme also mit Staub[2]) an, daß der Richter sehr wohl befugt ist, auch die ganze Konkurrenzklausel, weil unbillig, für ungültig zu erklären und zwar hat der Richter in all den Fällen so zu entscheiden, bei denen schon die Tatsache des Abschlusses einer Konkurrenzklausel für den Gehilfen eine unbillige Erschwerung des Fortkommens bedeutet, wo mithin der Richter nicht imstande ist kraft seines Ermäßigungsrechts, die Beschränkung durch engere Begrenzung auf das Maß der Billigkeit zu reduzieren.

Der Richter hat bei Ausübung seines Ermessens und seines Ermäßigungsrechts alle Momente, die irgendwie für die Beurteilung der Konkurrenzklausel von Bedeutung sein können, genau zu prüfen. Er hat die beiderseitigen Interessen des Prinzipals wie des Gehilfen gegen einander abzuwägen. Weiter wird die Höhe des vom Gehilfen bezogenen Gehalts im Ver-

---

[1]) Vgl. Staub a. a. O. S. 338. Anm. 7 zu § 74.

[2]) i. Jur. Zeitg. II. Jahrg. Nr. 17, S. 336, u. Kommentar S. 338. Anm. 5 zu § 74; ebenso auch Horrwitz a. a. O. S. 152; Fuld a. a. O. S. 94. Ritter a. a. O. S. 353. Moses, Das Recht der Handlungsgehilfen u. Handlungslehrlinge, Bresl. 1897, S. 21. 22. O. L. G. Darmstadt, Urteil v. 23. Juni 1905, O. L. G. E. Bd. 11, S. 383; vgl. auch Komm. Ber. S. 41 (Hahn-Mugdan S. 566).

Anderer Ansicht Steiner, Die Konkurrenzklausel nach dem neuen Handelsgesetzbuch, Stuttgart, S. 27. 28.

gleich zu dem Nachteil, der ihm aus der Einhaltung der Konkurrenzklausel erwachsen würde, erheblich ins Gewicht fallen. Es wäre unrichtig, wollte man annehmen, daß die Berücksichtigung dieses letzteren Moments bei der Beurteilung einer Konkurrenzklausel mit dem Willen des Gesetzgebers in Widerspruch stehe. Allerdings ist bei der Beratung des § 74 im Reichstage der Antrag abgelehnt worden, daß Konkurrenzklauseln nur gegenüber solchen Handlungsgehilfen für gültig erklärt werden sollten, die ein bestimmtes Mindesteinkommen bezögen. Denn die Höhe des Lohnes braucht nicht in entsprechendem Verhältnis zu stehen mit der Bedeutung der Konkurrenzbeschränkung, die sich eben (und zwar in jedem einzelnen Falle verschieden) jedenfalls in erster Linie nach den zeitlichen und örtlichen Grenzen richtet.[1]) Soviel steht aber fest, wie Fuld[2]) mit Recht bemerkt, daß bei Vereinbarungen einer Klausel mit einem gering bezahlten Gehilfen die Überschreitung der Billigkeitsgrenzen schon eher anzunehmen sein wird als bei gutbesoldeten.

In noch höherem Maße ist es natürlich zu berücksichtigen, wenn der Gehilfe von dem Prinzipal eine direkte Entschädigung, ein Äquivalent für die ihm auferlegte Konkurrenzbeschränkung erhalten hat. Weiter werden die Vermögensverhältnisse des Gehilfen, auch die des Prinzipals, von Bedeutung sein, die Frage, ob der Gehilfe noch privates Vermögen besitzt, oder auf sein Gehalt angewiesen ist, ob er es lediglich zum eigenen Unterhalt gebraucht, oder anderen Personen gegenüber unterhaltspflichtig ist usw.

Nur nach einer Richtung hin ist dem freien Er-

---

[1]) Vgl. Denkschr. S. 63. (Hahn-Mugdan S. 242.) Abg. Roeren: Hahn-Mugdan S. 468. Vgl. auch oben S. 21. 22.

[2]) Vgl. Fuld a. a. O. S. 93.

messen des Richters eine bestimmte Schranke gesetzt: Gemäß § 74 Abs. 2 kann die Beschränkung nicht auf einen Zeitraum von mehr als drei Jahren nach Beendigung des Dienstverhältnisses erstreckt werden.

Mit dieser Bestimmung setzt sich das neue H. G. B. in schärfsten Gegensatz zu dem früheren Recht: Danach konnten Konkurrenzklauseln, die auch über die Dauer von 3 Jahren hinausgingen, sich noch im Rahmen des Erlaubten bewegen und daher gültig sein; ja sogar auf Lebenszeit des Verpflichteten konnten sie verbindlich vereinbart werden. Immerhin waren das Ausnahmefälle, und die örtlichen und sachlichen Grenzen mußten entsprechend enggezogen sein, sodaß im Hinblick darauf die Beschränkung nicht mit den guten Sitten unvereinbar erschien[1]; war sie dagegen auch in örtlicher Beziehung unbegrenzt, so wurde eine Klausel für unbedingt nichtig angesehen.[2]

Die Vorschrift des § 74 Abs. 2 enthält übrigens nur die Festsetzung der äußersten Grenze, bis zu welcher eine Konkurrenzklausel verbindlich sein **kann**, aber keineswegs ist daraus zu folgern, daß sie bis zu dieser Grenze unter allen Umständen als verbindlich zu gelten habe. Sie kann vielmehr auch bei Beschränkung auf erheblich kürzere Zeitdauer sich als unbillig darstellen, auch wenn sie sich in örtlicher und sachlicher Beziehung in den Grenzen der Billigkeit bewegt.

Der dreijährige Zeitraum, den das Gesetz als äußerste Grenze festgesetzt hat, beginnt mit der Beendigung des Dienstverhältnisses. Wenn diese durch Kündigung von einer Seite unter Einhaltung der ge-

---

[1] Vgl. Bolze Bd. 8, Nr. 461. Bd. 18, Nr. 409. R. G. E. Bd. 53, S. 155. Bd. 31, S. 97. Dieselbe Entscheidung bei Bolze Bd. 16, Nr. 390.

[2] R. O. H. G. E. Bd. 18, S. 107. Bd. 21, S. 262. R. G. E. Bd. 31, S. 99.

setzlichen oder einer vereinbarten Kündigungsfrist erfolgt, fällt naturgemäß die rechtliche und die tatsächliche Beendigung zusammen. Das trifft jedoch bei Kündigung ohne Einhaltung einer Kündigungsfrist nur dann zu, wenn die vorzeitige Kündigung gerechtfertigt war. Denn im anderen Falle besteht das Dienstverhältnis trotz erfolgter Kündigung und trotz tatsächlicher Aufhebung rechtlich fort.[1]) Wenn also die Partei, von deren Seite durch sofortige Kündigung das Dienstverhältnis aufgelöst ist, sich dazu für berechtigt hält, die andern diese Berechtigung bestreitet, infolgedessen jede Partei aus dem vermeintlichen vertragswidrigen Verhalten der Gegenpartei Rechte für sich in Anspruch nimmt, so wird es in einem solchen Falle auf richterliche Entscheidung ankommen. Erst dadurch wird der bis dahin bestehende Schwebezustand betreffs der Sperrzeit beseitigt, erst dann steht fest, ob die Pflichten des Handlungsgehilfen aus der Konkurrenzklausel mit dem Augenblick der tatsächlichen Lösung des Dienstverhältnisses oder von einem späteren Zeitpunkte an begonnen haben, bezw. beginnen werden.

Auch bezüglich der Konkurrenz-Beschränkung in örtlicher Hinsicht war gelegentlich der Beratung im Reichstage auf Anregung der Kommission für Arbeiterstatistik[2]) beantragt worden, eine bestimmte Grenze festzusetzen (1 km im Umkreise von der Betriebsstätte), über die hinaus eine Konkurrenzklausel nicht erstreckt werden könnte. Die Annahme dieses Antrages erschien jedoch von vornherein ausgeschlossen, da es sich im § 74 um Bestimmungen handelt, die für alle Arten Handlungsgehilfen gelten sollen, und nicht nur für

---

[1]) Vgl. Staub, Komm. S. 320.

[2]) Vgl. Drucksachen der Kommission f. Arbeiterstatistik, Verhandlungen Nr. 8, S. 26—29, Nr. 8a, S. 6—12.

Angestellte in Geschäften mit offenen Läden, im Hinblick auf die der Antrag gestellt war und eine gewisse Berechtigung hatte.[1]) Es leuchtet ein, daß jede ein für allemal feststehende Begrenzung, wie sie auch geartet sein mag, notwendig den Stempel der Willkürlichkeit trägt, da die kaufmännischen Verhältnisse allenthalben so verschieden sind, daß sie keine Beurteilung nach ein und derselben Schablone am Platze erscheinen lassen. Eine Klausel, die für den einen Prinzipal schließlich schon in einem geringen Umkreise von Interesse ist, wird naturgemäß bei einem größeren Geschäftsbetrieb erst dann Bedeutung gewinnen können, wenn die betr. Koukurrenzbeschränkung sich auf ein weiteres Gebiet erstreckt.

Wie im bisherigen Recht werden auch jetzt noch räumlich unbeschränkte Konkurrenzklauseln rechtsgültig sein können, wenn sie dafür zeitlich und sachlich, oder auch nur nach einer dieser Richtungen, entsprechend eng begrenzt sind, oder überhaupt im Hinblick auf ihre sonstige Beschaffenheit kein unbilliges Hemmnis für den Gehilfen in seiner geschäftlichen Bewegungsfreiheit in sich schließen. So wird z. B. unter Umständen (ein berechtigtes geschäftliches Interesse des Prinzipals vorausgesetzt) gegen die Verbindlichkeit einer Konkurrenzklausel nichts einzuwenden sein, in der sich ein Buchhalter eines größeren Geschäfts verpflichtet, innerhalb zweier Jahre in einem Konkurrenzgeschäft Deutschlands keine gleiche Stellung anzunehmen. Denn seine Kenntnisse der Buchführung befähigen ihn zur Bekleidung eines solchen Postens auch in einem Geschäft anderer Art.[2])

---

[1]) Vgl. Denkschrift S. 63 (Hahn-Mugdan S. 241).

[2]) In gleicher Weise scheint mir auch der von Koslowski („Die Konkurrenzklausel des Handlungsgehilfen“, Hamburg 1906)

Andererseits wird der Regel nach eine Vereinbarung unbillig für den Gehilfen sein, aus deren Einhaltung für ihn die Unmöglichkeit erwachsen würde, seine erworbenen Erfahrungen und Kenntnisse sich im Inlande nutzbar zu machen und damit die Notwendigkeit, eine Stellung im Auslande zu suchen, wo meist mangelnde Kenntnis der Sprache und der Lebensverhältnisse hindernd in Betracht kommen werden.

Aber auch schon eine an und für sich enge Umgrenzung des Bannbezirks kann eine unbillige Beschränkung für den Gehilfen bedeuten. Ich denke beispielsweise an einen Fall, wo sich ein Gehilfe eines Berliner Konfektionsgeschäfts verpflichtet hatte, nach Lösung des Dienstverhältnisses in kein Konkurrenzgeschäft Berlins einzutreten. Er besaß kein Vermögen und bezog ein Gehalt von 50 Mark monatlich, auf das allein er angewiesen war. In Berlin hatte er bei seinen Eltern Kost und Wohnung frei. Wäre er nun genötigt gewesen, eine Stellung in einer anderen Stadt anzunehmen, so würde es für ihn infolge der damit verbundenen Mehrkosten unmöglich gewesen sein, mit seinem Lohn den gesamten Lebensunterhalt zu bestreiten.

Ebenso wie in örtlicher Beziehung hat der Richter auch nach freiem Ermessen zu entscheiden, ob die Konkurrenzbeschränkung hinsichtlich des Gegenstandes eine unbillige Erschwerung des Fortkommens für den Gehilfen bedeuten würde, ohne dabei an eine gesetzliche Schranke gebunden zu sein.

S. 27 wiedergegebene Fall keine unbillige Beschränkung für die Gehilfin zu enthalten: Bei einer Maschinenschreiberin und Stenographin kann es schwerlich auf „Branchekundigkeit“ ankommen, sie wird also ebenso leicht, wie in einem Konkurrenzgeschäft, in einem Geschäft anderer Art Stellung finden können.

Gegenstand der Konkurrenzklausel können die einzelnen Handelszweige des Geschäfts des Prinzipals, ganze Gruppen von solchen, oder schließlich die Gesamtheit aller Handelszweige seines Geschäfts sein. Für den letzteren Fall ist nicht unbedingt der Umfang des Geschäfts maßgebend, wie er zurzeit des Abschlusses der Konkurrenzklausel bestand. Vielmehr kann die Konkurrenzbeschränkung auch auf den gesamten Inhalt und den ganzen Umfang der Branche erstreckt werden, also auch auf Arten der Branche, auf die der Prinzipal seinen Geschäftsbetrieb erst nach Lösung des Dienstverhältnisses ausdehnt. In jedem derartigen Falle hat jedoch der Richter genau zu prüfen, ob der Gegenstand der Konkurrenzbeschränkung tatsächlich nur eine Gattung der Branche des Prinzipals, oder nicht etwa als eine andere, neue Branche anzusehen ist.[1]) Wenn beispielsweise der Inhaber einer Münzenhandlung, der sich bisher auf den Handel mit Geldmünzen verschiedener Zeiten und Länder beschränkt hat, seinen Geschäftsbetrieb auch auf den Ein- und Verkauf von Denkmünzen und Medaillen erstreckt, so wird darin lediglich eine Erweiterung des Geschäfts innerhalb der bisherigen Branche zu erblicken sein, während man eine Ausdehnung des Geschäftsbetriebes auf eine neue Branche wird annehmen müssen, wenn er dazu etwa einen Handel mit Briefmarken beginnt.

Als verschiedene Branchen in dieser Beziehung werden, wenigstens in der Regel, auch Produktion und Verkauf im Großbetriebe einerseits und Detailverkauf andererseits zu betrachten sein.[2])

Dagegen ist für die Beurteilung der Frage, ob das Geschäft, in das der Gehilfe entgegen der Kon-

[1]) Vgl. Horrwitz a. a. O. S. 150.

[2]) R. G. E. Bd. 31, S. 99. Dieselbe Entscheidung bei Bolze Bd. 16, Nr. 390.

kurrenzklausel eingetreten ist, oder das er selbständig errichtet hat, eine solches gleicher Branche ist, der Zeitpunkt des Eintritts bezw. der Neuerrichtung maßgebend. Handelte es sich zu dieser Zeit nicht um ein Konkurrenzgeschäft, so kann es sich nur noch fragen, ob der Gehilfe, der ein neues Geschäft errichtet, bezw. der Prinzipal, in dessen Geschäft der Gehilfe eintritt, zu dieser Zeit bereits beabsichtigte, es auf den Konkurrenzartikel einzurichten, und ob im letzteren Fall der Gehilfe von dieser Absicht des neuen Prinzipals Kenntnis hatte.[1]) Falls diese Voraussetzungen nicht gegeben sind, würde also der frühere Prinzipal gegenüber dem Gehilfen keinerlei Rechte aus der Konkurrenzklausel geltend machen können.

Unrichtig ist m. E. die von Steiner[2]) vertretene Ansicht: An einer Konkurrenzklausel, die dem Gehilfen jede Konkurrenztätigkeit versage, der mithin weder selbst ein Geschäft gründen, noch sich an einem solchen beteiligen, noch für ein solches Dienste leisten dürfe, könne der Richter nichts ändern, falls die Klausel betreffs der Zeit, des Ortes und des Gegenstandes das erforderliche Maß einhalte; denn nur nach diesen drei Richtungen hin stehe dem Richter ein Ermäßigungsrecht zu, aber nicht darüber hinaus. In Übereinstimmung damit führt Staub[3]) aus, daß der Richter die Art der Tätigkeit, in der der Gehilfe beschränkt werde, nicht kraft seines Ermessungsrechts ändern, z. B. nicht bestimmen dürfe, daß der Gehilfe sich zwar nicht selbst etablieren, wohl aber in ein anderes Konkurrenzgeschäft eintreten könne. Darin

---

1) Vgl. Bolze Bd. 9, Nr. 361.

2) A. a. O. S. 27.

3) Komm. S. 338, Anm. 5 zu § 74. Ebenso Ritter a. a. O. S. 353. Reinshagen a. a. O. S. 24. Lehmann u. Ring a. a. O. S. 181, Nr. 5 zu § 74.

liegt m. E. eine Verkennung des gesetzgeberischen Willens und ein Mißverstehen der Bezeichnung „Gegenstand der Konkurrenzklausel“. Denn darunter fällt, wie ich mit Horrwitz[1]) annehme, ohne weiteres auch, was Staub als „Art“ der Tätigkeit bezeichnet.

Unzutreffend erscheint mir auch die Auffassung von Düringer-Hachenburg[2]), daß dann, wenn die Konkurrenzklausel sich als wucherische Ausbeutung des Handlungsgehilfen seitens des Prinzipals darstelle, der § 138 Abs. 2 B. G. B. Platz greife, die Klausel somit als nichtig zu gelten habe. Denn wie Reinshagen[3]) m. E. zutreffend hervorhebt, ist es gerade der Zweck des § 74, innerhalb der Billigkeitsgrenzen die Konkurrenzklausel aufrecht zu erhalten, im Gegensatz zu der Bestimmung des § 138 B. G. B., nach der ein Rechtsgeschäft, das gegen die guteu Sitten verstößt[4]), absolut nichtig sein soll. Es ist vielmehr auch dann, wenn die Konkurrenzklausel sich als wucherische Ausbeutung darstellt, vom Richter zu prüfen, ob sie nicht durch Ausübung des ihm zustehenden Ermäßigungsrechts in eine der Billigkeit entsprechende verwandelt werden kann. Wenn es sich allerdings um eine Klausel handelt, die trotz Ermäßigung seitens des Richters immer eine unbillige Erschwerung des Fortkommens für den Handlungsgehilfen enthalten würde,[5]) müßte sie ihrem ganzen Inhalte nach für ungültig erklärt werden. Aber eben nicht aus dem Grunde, weil sich die Stipulation

---

1) a. a. O. S. 152.

2) a. a. O. S. 236 IV zu § 74. Ebenso Horrwitz a. a. O. S. 152.

3) a. a. O. S. 27. Ebenso Lehmann-Ring S. 181 Nr. 5 zu § 74.

4) Davon ist aber das wucherische Rechtsgeschäft, von dem der Abs. 2 dieses Paragraphen handelt, nur ein besonderer Fall.

5) Vgl. oben S. 38.

seitens des Prinzipals als Wucher darstellte, sondern lediglich im Hinblick darauf, daß das Ermäßigungsrecht des Richters in einem solchen Falle versagt.

B. Nichtigkeit der Konkurrenzklausel infolge Minderjährigkeit des Gehilfen.

Gemäß der Vorschrift des § 74 Abs. 3 ist eine Konkurrenzklausel nichtig, wenn der Handlungsgehilfe zur Zeit des Abschlusses minderjährig war.[1]) Maßgebend ist also der Zeitpunkt, in dem durch beiderseitige Willenserklärung Inhalt und Wirkung der Konkurrenzklausel festgelegt sind. Die durch die Minderjährigkeit des Gehilfen bewirkte Nichtigkeit ist eine unbedingte. Daran ändert auch der Umstand nichts, daß etwa das Vormundschaftsgericht oder der gesetzliche Vertreter die Zustimmung zum Abschluß der Klausel gegeben, ihn genehmigt, oder auch, daß der gesetzliche Vertreter im Namen des Gehilfen selbst kontrahiert hat.[2]) Gleichgültig ist für die Beurteilung auch die Frage, ob der Gehilfe bis zur Zeit der Beendigung des Dienstverhältnisses, dem beabsichtigten Anfangstermin der Wirksamkeit der Konkurrenzklausel, volljährig geworden ist. Der Grund für diese Vorschrift soll darin zu finden sein,

---

[1]) Daß eine Konkurrenzklausel, die mit einem für volljährig erklärten Gehilfen abgeschlossen ist, nicht etwa zufolge dieser Bestimmung nichtig sein kann (vgl. Reinshagen a. a. O. S. 28), bedarf m. E, gar keiner ausdrücklichen Hervorhebung. Denn gemäß § 3 B. G. B. erlangt durch die Volljährigkeitserklärung der bis dahin Minderjährige die rechtliche Stellung eines Volljährigen, steht ihm rechtlich also vollkommen gleich.

[2]) Vgl. Goldmann a. a. O. S. 360, Anm. 2 zu § 74. Düringer-Hachenburg a. a. O. S. 239, IX zu § 74. Reinshagen a. a. O. S. 27. Steiner a. a. O. S. 11. A. M. Staub, Komm. S. 337, Anm. 4 zu § 74. Moses a. a. O. S. 18.

daß „eine Vertragsbestimmung, durch welche der Gehilfe einer Beschränkung hinsichtlich seiner gewerblichen Tätigkeit unterworfen werde, ihn nur dann binden dürfe, wenn er bei Übernahme der Verpflichtung in der Lage sei, deren Tragweite in vollem Umfange selbst zu würdigen[1])“, oder, wie die Begründung der Kommission[2]) lautet: „Es dürfe nicht zugelassen werden, daß minderjährige Personen Verpflichtungen eingingen, deren Tragweite sie nicht übersehen könnten.“

Demgegenüber weist Steiner[3]) m. E. mit Recht darauf hin, daß bei tausend anderen Rechtsgeschäften von nicht minder weittragender Bedeutung die fehlende Erkenntnis des Minderjährigen durch den für seine Handlungen haftbaren Vormund ergänzt werde. Warum hiervon in Hinsicht auf den Abschluß einer Konkurrenzklausel eine Ausnahme erforderlich sein sollte, ist nicht einzusehen, erscheint auch jedenfalls durch die angeführten Stellen der Denkschrift und des Kommissions-Berichts m. E. nicht gerechfertigt. Denn wenn es dort weiter heißt: „Ein noch minderjähriger Angestellter werde auch der Regel nach kaum so bald in der Lage sein, die berechtigten Interessen des Geschäftsinhabers durch die Tätigkeit in einem Konkurrenzbetriebe zu gefährden“, so dürfte auch das kein einleuchtender Grund sein: daß die Möglichkeit dieser Gefahr unbedingt erst von dem Zeitpunkt der Volljährigkeit des Gehilfen an bestehe, wird wohl schwerlich behauptet werden können. Hierbei kann es doch naturgemäß nicht sowohl auf einen, vielleicht nur nach Tagen zählenden, Altersunterschied des Gehilfen ankommen, als vielmehr auf das größere oder geringere Maß von

---

[1]) Denkschr. S. 64 (Hahn-Mugdan S. 569).
[2]) Komm.-Ber. S. 43 (Hahn-Mugdan S. 569).
[3]) A. a. O. S. 12.

Intelligenz, kaufmännischer Begabung, praktischen Blick usw. Alle diese Eigenschaften, auch die Fähigkeit, „die Tragweite der übernommenen Verpflichtung in vollem Umfange selbst zu würdigen“, kann sicherlich ein Gehilfe sehr wohl schon lange vor erreichter Volljährigkeit besitzen. Dieser Erwägung hat sich auch der Gesetzgeber in der Denkschrift nicht verschließen können, wenn er in vorsichtiger Weise sagt, der Gehilfe werde zur Gefährdung der Interessen des Prinzipals „in der Regel kaum so bald“ imstande sein . . . Damit ist also immerhin anerkannt, daß es gelegentlich der Fall sein könne. Dann aber ist diese Erwägung eben nicht geeignet, die Notwendigkeit der absoluten Nichtigkeit der Klausel wegen Minderjährigkeit des Gehilfen zu motivieren, bezw. ihre Entbehrlichkeit für den Prinzipal darzutun. Auch dafür fehlt es, wie Ritter[1]) mit Recht hervorhebt, an jeder Begründung, warum eine Klausel schlechthin nichtig sein soll, auch wenn sie für den minderjährigen Gehilfen keine „unbillige Erschwerung seines Fortkommens“ enthält.

Die rechtswirksame Übernahme einer Bürgschaft seitens eines Dritten gemäß § 76 B. G. B. dafür, daß der minderjährige Gehilfe die Bestimmungen der Konkurrenzklausel einhalten werde, ist ausgeschlossen: Als schwebendes Geschäft im Sinne des § 108 B. G. B. kann eine derartige Abmachung keinesfalls angesehen werden, da sie, wie schon bemerkt, unter allen Umständen nichtig ist; von einer Verbindlichkeit eines Hauptschuldners, welche ein Bürgschaftsvertrag voraussetzt, kann somit nicht die Rede sein.

Unzulässig würde es nach meiner Ansicht auch sein, daß sich der gesetzliche Vertreter des minderjährigen Gehilfen verpflichtet, für Beobachtung der

---

[1]) A. a. O. S. 353.

Konkurrenzklausel von dessen Seite zu sorgen und für den Fall der Übertretung sich selbst einer Vertragsstrafe unterwirft. Denn wenn der Gesetzgeber mit der Bestimmung des § 74 Abs. III jede Möglichkeit hat ausschließen wollen, den minderjährigen Gehilfen zur Einhaltung der Konkurrenzklausel von Rechts wegen zu zwingen, so würde man sich in Gegensatz dazu setzen, wollte man einer solchen moralischen Zwangsmaßregel Tor und Tür öffnen.[1])

Zu der Frage, welchen Einfluß die tatsächliche Fortsetzung des Dienstverhältnisses auf eine infolge Minderjährigkeit des Gehilfen ungültige Klausel nach erreichter Volljährigkeit ausübt, hat das H. G. B. keine Stellung genommen. In Ermangelung dessen haben also die allgemein über nichtige Rechtsgeschäfte geltenden Vorschriften des B. G. B. Platz zu greifen. Ein nichtiges Rechtsgeschäft kann niemals gültig und somit wirksam werden; auch nicht, wenn es bestätigt wird. Denn die Bestätigung ist in einem solchen Falle gemäß § 141 Abs. 1 B. G. B. vielmehr als erneute Vornahme zu beurteilen. Hat also ein minderjähriger Gehilfe eine Konkurrenzklausel mit seinem Prinzipal abgeschlossen, so ist dieses Rechtsgeschäft, wie es die Parteien abschließen wollten, zunächst rechtlich noch gar nicht existent, es gilt vielmehr mit dem Augenblick der Bestätigung überhaupt erst als vorgenommen.[2]) Insofern ist es m. E. streng logisch betrachtet unrichtig, wenn Horrwitz[3]) sagt, die tatsächliche Fortsetzung des Dienstverhältnisses nach erreichter Großjährigkeit des

---

[1]) Vgl. Steiner a. a. O. S. 13, ebenso Reinshagen a. a. O. S. 28 entgegengesetzter Ansicht früher Litthauer. Komm. 12. Aufl., S. 92, c. zu § 74.

[2]) Vgl. Planck, B. G. B. nebst E. G. Bd. I, 3. Aufl. 1903. S. 252 Note 1 zu § 141.

[3]) A. a. O. S. 153.

Gehilfen „heile“ die Nichtigkeit der Konkurrenzklausel. Es ist vielmehr „erneute Vornahme“ erforderlich, die in der Form der Bestätigung auftreten kann. Die „Bestätigung“ der nichtigen Vereinbarung hat daher den Voraussetzungen zu entsprechen, die bei dem gültigen Abschluß einer solchen Vereinbarung gegeben sein müssen.[1])

Es fragt sich nun, ob eine bloße Fortsetzung des Dienstverhältnisses als Genehmigung der Konkurrenzklausel seitens des nunmehr volljährig gewordenen Gehilfen bedeutet oder nicht. Da der Abschluß einer Konkurrenzklausel an keinerlei Form gebunden ist, so kann die Bestätigung gleichfalls formlos, also auch stillschweigend erfolgen.[2]) Eine stillschweigende Bestätigung wird aber m. E. für gewöhnlich in der Fortsetzung des Dienstverhältnisses zu erblicken sein. Soweit in der Literatur diese Frage berührt ist, hat man sich durchgängig auf den entgegengesetzten Standpunkt gestellt.[3]) Daß die Bestätigung der bisher ungültigen Konkurrenzklausel ausdrücklich erfolgen müsse, verlangen auch die Gegner nicht unbedingt, sondern erkennen schließlich die Möglichkeit der Bestätigung durch konkludente Handlungen an. Aber nirgends findet sich eine schlüssige Begründung dafür, daß darunter keinesfalls die tatsächliche Fortsetzung des Dienstverhältnisses zu rechnen sei, meiner Ansicht nach der nächstliegende Fall der stillschweigenden Bestätigung.

Schließlich erhebt sich hier noch die Frage, ob

---

[1]) Vgl. Fuld a. a. O. S. 95.

[2]) Vgl. Planck a. a. O. S. 252.

[3]) Vgl. Staub: Komm. S. 337, Anm. 4 zu § 74 und i. Jur. Zeitg., II. Jahrg., S. 336. Reinshagen a. a. O. S. 28. Steiner a. a. O. S. 14. Renger a. a. O. S. 30.

und eventuell in welcher Weise die Nichtigkeit einer Konkurrenzklausel auf den Dienstvertrag einwirkt, dem sie beigefügt ist:

Gemäß § 139 B. G. B.[1]) ist ein Rechtsgeschäft nichtig, wenn ein Teil desselben nichtig ist. Die Beantwortung der eben aufgeworfenen Frage wird daher verschieden sein, je nachdem die Konkurrenzklausel in dem Dienstvertrage selbst enthalten, oder in einem besonderen Nebenvertrage zum Abschluß gelangt ist, je nachdem sie mithin als Teil des Dienstvertrages zu gelten hat oder nicht. Im letztern Falle wird also der Dienstvertrag unter allen Umständen von der Nichtigkeit der Konkurrenzklausel unberührt bleiben.[2]) Aber auch wenn man bei zeitlichem Auseinanderliegen des Abschlusses des Dienstvertrages und der Konkurrenzklausel gleichwohl beide als einheitliches Ganzes ansehen will[3]), so würde das an der Tatsache, daß die Gültigkeit des Dienstvertrages von der Nichtigkeit der Konkurrenzklausel unberührt bleiben muß, m. E. nichts ändern können: Nach dem zitierten § 139 B. G. B. tritt die Nichtigkeit des ganzen Rechtsgeschäfts dann nicht ein, wenn anzunehmen ist, daß es auch ohne den nichtigen Teil vorgenommen sein würde. Wenn nun zunächst lediglich der Hauptvertrag zum Abschluß gelangt ist und später erst die Konkurrenzklausel, so ist das Rechtsgeschäft sogar tatsächlich ohne den nichtigen Teil vorgenommen, also unmöglich infolge der Nichtigkeit der Konkurrenzklausel gleichfalls nichtig.

---

[1]) Vgl. Goldmann a. a. O. S. 360, 361, III zu § 74; S. 311, II zu § 62. Lehmann Ring S. 180, Nr. 4a zu § 74. Düringer-Hachenburg a. a. O. S. 239, IX zu § 74. Litthauer-Mosse a. a. O. S. 91, 92, 8 zu § 74.

[2]) So auch Reinshagen a. a. O. S. 28.

[3]) Vgl. Rossner a. a. O. S. 43.

Wenn dagegen die Konkurrenzklausel in dem Dienstvertrage selbst enthalten ist, ergreift ihre Nichtigkeit den ganzen Dienstvertrag, falls der Gehilfe nicht beweist, daß der Prinzipal auch ohne den nichtigen Teil (ohne die Klausel) den Dienstvertrag abgeschlossen haben würde. Wenn auch ohne weiteres zugegeben werden soll, daß ein solcher Beweis meist schwer zu erbringen sein, die Ausnahmebestimmung des § 139 also praktisch geringe Bedeutung haben wird, so kann ich doch der von Staub[1]) vertretenen Ansicht nicht beistimmen, daß die im ersten Halbsatz des § 139 enthaltene Regel für das Verhältnis einer nichtigen Konkurrenzklausel zum Hauptvertrage nicht anwendbar, und zwar auf Grund des Art. 2 E. G. zum H. G. B. von der subsidiären Anwendung auszuschließen sein sollte. Wenn es dort im Absatz 1 heißt, „in Handelssachen kommen die Vorschriften des B. G. B. nur insoweit zur Anwendung, als nicht im Handelsgesetzbuch oder in diesem Gesetz ein anderes bestimmt ist“, so fallen darunter, wie Staub[2]) mit Recht annimmt, nicht nur die ausdrücklichen Vorschriften, des H. G. B., sondern auch alle durch Auslegung gewonnenen Rechtssätze. Nun argumentiert aber Staub folgendermaßen: Dem Gesetzgeber genüge ein Zustand, kraft dessen die Abreden gegen die von ihm aufgestellten Schutzvorschriften nichtig seien, im übrigen aber der geschlossene Vertrag zu Recht bestehe. Der Gesetzgeber habe m. a. W. nicht gewollt, daß bei Verletzung einer Schutzvorschrift durch eine getroffene Abrede die Rechtsbeständigkeit des ganzen Dienstvertrages in Frage gestellt werde. Eine entgegengesetzte Aus-

---

[1]) Komm. Exkurs zu § 62, S. 298.
Ebenso Reinshagen a. a. O. S. 29.

[2]) Vgl. Komm. Allg. Einleitung S. 6.

legung des gesetzgeberischen Willens würde dazu beitragen, die Stellung der Handlungsgehilfen unsicherer zu machen, während der Gesetzgeber ihre Stellung habe befestigen wollen. Der § 139 B.G.B. sei daher nicht anwendbar.

Die Absicht des Gesetzgebers, die Stellung der Handlungsgehilfen zu bessern, ist allerdings im neuen H. G. B. deutlich zum Ausdruck gekommen. Daraus kann jedoch m. E. unmöglich der Schluß gezogen werden, daß alle für sie möglicherweise unangenehmen Konsequenzen von vornherein als der Tendenz des Gesetzes widersprechend angesehen werden müßten. Zugegeben auch, daß die infolge der Anwendung von §139 B. G. B. eintretende Nichtigkeit des ganzen Dienstvertrages und die damit für den Gehilfen bestehenden Wahrscheinlichkeit sofortiger Entlassung für ihn nicht selten einen empfindlichen Schaden bedeuten würde: Warum soll es nicht auch bei ihm einmal heißen können: „Ignorantia iuris nocet"?

C. Voraussetzung der Geltendmachung von Ansprüchen des Prinzipals aus der Konkurrenzklausel.

Die Möglichkeit für den Prinzipal, aus einer an sich gültigen Konkurrenzklausel Ansprüche geltend zu machen, ist in doppelter Weise negativ bedingt:

1. Der Prinzipal darf nicht durch vertragswidriges Verhalten dem Handlungsgehilfen Grund zur sofortigen Lösung des Dienstverhältnisses gemäß §§ 70, 71 H. G. B. gegeben haben.
2. Das Dienstverhältnis darf auch nicht infolge Kündigung seitens des Prinzipals gelöst sein, falls nicht

a) ein erheblicher, von ihm nicht verschuldeter Anlaß vorliegt, oder falls er nicht

b) dem Gehilfen das zuletzt gezahlte Gehalt fortzahlt.

Analog dem zu 2. genannten Erfordernis ist auch bereits unter früherem Rechte, wenigstens im Zweifel, vom Reichsgericht dahin entschieden worden, daß der Prinzipal keine Rechte aus der Konkurrenzklausel herleiten könne, falls er gekündigt hatte, ohne einen wichtigen Grund bezw. gerechten in der Person des Gehilfen begründeten Anlaß dazu gehabt zu haben, sondern nur in dem Falle, daß der Gehilfe seine Stellung freiwillig, ohne Anlaß seitens des Prinzipals aufgegeben hatte.[1]) So wurde jedoch, wie gesagt, nur in Zweifelsfällen entschieden: Wenn die ausdrückliche Vereinbarung der Parteien dahin ging, daß die Wirksamkeit der Klausel eintreten solle ohne Rücksicht darauf, von wessen Seite die Kündigung erfolgen werde, so stand der Gültigkeit einer derartigen Vereinbarung nichts im Wege.[2])

Demgegenüber hat das neue Handelsgesetzbuch im § 75 Abs. 3 alle Vereinbarungen der Parteien für unbedingt nichtig erklärt, die den Vorschriften dieses Paragraphen zuwiderlaufen, die also insbesondere die Notwendigkeit der oben genannten Voraussetzungen für den einzelnen Fall ausschließen wollen.

In positiver Form kurz wiederholt ergibt sich also aus dem § 75 Abs. 1 soviel ohne weiteres: Eine Konkurrenzklausel, welche den gesetzlichen Vorschriften entspricht, ist jedenfalls voll wirksam für den Fall, daß das Dienstverhältnis gelöst ist auf Kündigung des Gehilfen hin, die nicht durch vertragswidriges Ver-

---

[1]) Vgl. R. G. E. Bd. 20, S. 107. Bolze Bd. 5, Nr. 598. 599. 600. Bd. 16, Nr. 398. Vgl. auch Urteil des O. L. G. Kolmar vom 27. Nov. 96 i. Jur. Zeitg. 1897, S. 168.

[2]) Vergl. u. a. R. G. E. Bd. 20, S. 107. Bolze Bd. 3, Nr. 356.

halten des Prinzipals veranlaßt ist. Ausnahmsweise auch im Falle der Kündigung von dessen Seite, aber nur dann, wenn eine der Voraussetzungen des § 75 Abs. 1 Satz 2 vorliegt.

Dem Wortlaut des Gesetzes zufolge ist für den ersteren Fall nur erforderlich, daß der Prinzipal dem Gehilfen Grund gegeben hat, das Dienstverhältnis gemäß §§ 70, 71 zu lösen, nicht auch, daß aus diesem Grunde die Lösung tatsächlich erfolgt sein müsse. Gleichwohl hält Staub[1]) eine Ergänzung des Paragraphen in diesem Sinne für erforderlich. Nach seiner Ansicht bleiben die Ansprüche des Prinzipals aus der Klausel bestehen, wenn der Gehilfe die ihm gebotene Gelegenheit nicht benutzt, sondern in seiner Stellung verbleibt, sie unter Einhaltung der ordentlichen Frist kündigt und erst daraufhin verläßt, oder (wie naturgemäß zu ergänzen ist), wenn die Beendigung des Dienstverhältnisses durch Übereinkunft, sowie durch Zeitablauf[2]) erfolgt.

Diese Ansicht, die auch in der Literatur und Judikatur auf lebhaften Widerspruch gestoßen ist[3]) hat m. E. keine Berechtigung, und zwar, auch ohne am Wortlaut des Gesetzes zu haften, meine ich, muß man

---

[1]) Komm. S. 342, Anm. 2 zu § 75, ebenso Ritter a. a. O. S. 351. Lehmann-Ring a. a. O. S. 182, Nr. 2 zu § 75; Makower a. a. O. S. 231, a. 1 zu § 75. Goldmann a. a. O. S. 363, I. 1 zu § 75. Urteil des O. L. G. Frankfurt v. 26. IX. 02 i. Recht 1902, S. 116. Urteil des O. L. G. Stuttgart v. 10. IV. 02 in O. L. G. E. Bd. V, S. 272.

[2]) Vgl. Gruchot Bd. 31, S. 727, Bolze Bd. 4, Nr. 670.

[3]) Cosack, Lehrbuch des Handelsrechts, VI. Aufl. 1903, S. 98. Düringer-Hachenburg a. a. O. S. 241 Ia zu § 75. Horrwitz a. a. O. S. 154. Reinshagen a. a. O. S. 32. Gareis, Handelsgesetzbuch, 3. Aufl. 1905, S. 90. R. G. E. Bd. 56, S. 372, R. G. in Jur. Woch. 04, S. 149, 23. O. L. G. Posen v. 8. X. 03 i. O. L. G. E. Bd. 8, S. 96.

bei Erwägung aller Konsequenzen, die sich daraus ergeben würden, und unter Berücksichtigung des offenbaren gesetzgeberischen Willens zu der gegenteiligen Ansicht gelangen.

Allerdings kann sehr wohl darin, daß der Gehilfe trotz vertragswidrigen Verhaltens des Prinzipals von seinem Recht zur sofortigen Kündigung keinen Gebrauch macht, eine Verzeihung ihm gegenüber und damit ein Verzicht auf dieses Recht liegen[1]), doch es braucht keineswegs unbedingt der Fall zu sein. Vielmehr wird dem Richter in dieser Beziehung die Pflicht sorgfältiger Prüfung von Fall zu Fall obliegen. Ein solcher Verzicht wird stets dann anzunehmen sein, wenn Handlungen und Erklärungen des Gehilfen vorliegen, die auf Fortsetzung des Vertrages gerichtet sind.[2])

Im allgemeinen wird auch, falls der Gehilfe das vertragswidrige Verhalten des Prinzipals dazu verwerten will, sich von der Konkurrenzbeschränkung zu befreien, aus dem Gesichtspunkt der Verkehrssicherheit heraus eine Verpflichtung des Gehilfen anzunehmen sein, dem Prinzipal gegenüber diese seine Absicht zu erklären. Aber man wird eine derartige Pflicht des Gehilfen auch nicht bedingungslos annehmen dürfen[3]), vielmehr werden dabei m. E. die Fälle auszuscheiden sein, in denen der Gehilfe durch eine solche Mitteilung seiner Absicht sich selbst schädigen würde. Ich denke beispielsweise an folgenden Fall:

Der Prinzipal eines mit nur 14 tägiger Kündigungsfrist angestellten Gehilfen macht sich diesem gegenüber wenige Tage vor dem nächsten Kündigungstermin eines vertragswidrigen Verhaltens schuldig. Der

---

1) Horrwitz a. a. O. S. 154. Reinshagen a. a. O. S. 32.
2) Vgl. Bolze Bd. 20, Nr. 446. Bd. 16, Nr. 384.
3) Diesen Vorschlag macht Rossner a. a. O. S. 43.

Gehilfe sieht sich genötigt, vorläufig trotzdem in seiner Stellung zu bleiben und nicht eher zu kündigen, als er eine anderweite Stellung gefunden hat, denn er weiß, daß ihm das mit Rücksicht auf die ungünstige Zeit und auf die ganzen Verhältnisse in der betreffenden Branche nicht von heute auf morgen gelingen würde. Er weist jedoch den Prinzipal alsbald darauf hin, daß er zur sofortigen Lösung des Dienstverhältnisses berechtigt und somit seiner Verpflichtung aus der Konkurrenzklausel ledig sei. Die Antwort des Prinzipals darauf ist, daß er dem Gehilfen zu dem nahe bevorstehenden Termine kündigt, sodaß der Gehilfe samt seiner Familie in größte Not gerät, da es ihm tatsächlich vor der Hand nicht gelingt, eine andere Stellung zu finden.

Die Unbilligkeit, die danach unter Umständen für den Gehilfen darin liegen würde, wenn man ihn zwingen wollte, sich dem Prinzipal gegenüber sofort zu erklären, ob er die Konsequenz aus dem vertragswidrigen Verhalten von dessen Seite ziehen werde oder nicht, liegt auf der Hand. M. E. kann also ein solcher Hinweis des Gehilfen dem Prinzipal gegenüber billigerweise nur dann verlangt werden, wenn für den Gehilfen keinerlei Nachteile daraus erwachsen würden.

Aber, wie gesagt, scheint mir auch die Richtigkeit der hier vertretenen Ansicht, daß der § 75 Abs. 1 Satz 1 keine Kausalität zwischen der Lösung des Dienstverhältnisses und dem vertragswidrigen Verhalten des Prinzipals verlangt, mit dem offenbaren Willen des Gesetzgebers im Einklang zu stehen.

Gerade die Entstehung dieser Bestimmung, auf die sich Goldmann[1]) als Beweis seiner gegenteiligen

---

[1]) A. a. O. S. 363. I. 1 zu § 75.

Ansicht beruft, scheint mir dafür zu sprechen. Dem Wortlaut der Denkschrift[1]) zufolge muß der Prinzipal durch vertragswidriges Verhalten dem Gehilfen „Veranlassung" zur Lösung des Dienstverhältnisses gegeben haben. Dieser Begriff ist allerdings unter allen Umständen, nicht nur in diesem Zusammenhang, dahin aufzufassen, daß die (sofortige) Lösung des Dienstverhältnisses die direkte Folge des vertragswidrigen Verhaltens des Prinzipals sein müsse. In dem 1896 erschienenen 1. Entwurf des H. G. B. findet sich in dem entsprechenden damaligen § 67 Abs. 2 gleichfalls der Ausdruck „Veranlassung", den der Gesetzgeber hier jedenfalls auch in dem genannten Sinne hat verstanden wissen wollen. Bereits in der Reichstagsvorlage heißt es statt „Veranlassung zur Auflösung des Dienst-Verhältnisses" „Grund das Dienstverhältnis aufzulösen". Dieser Wortlaut spricht aber, wie gesagt, unbedingt für die hier vertretene Ansicht; das leugnen auch die Gegner nicht.

Wenn die frühere Fassung sich in der Denkschrift gleichwohl erhalten hat, so ist dieser Umstand nicht anders, als durch ein Versehen zu erklären: Die angeführten Worte der Denkschrift sind bereits wörtlich übereinstimmend in der 1896 erschienenen Denkschrift zum 1. Entwurf enthalten und offenbar irrtümlicherweise ohne weitere Nachprüfung in die Denkschrift zum neuen H. G. B. in seiner jetzigen Gestalt mit übernommen worden, ohne mit dessen veränderter Fassung im § 75 Abs. 1 übereinzustimmen. Ein solches Versehen erscheint sehr wohl möglich.

Wenn aber der Gesetzgeber die fragliche Bestimmung der ersten Fassung einer derartigen Veränderung unterzogen hat, daß der Inhalt ein voll-

[1]) S. 65. (Hahn-Mugdan S. 243.)

ständig anderer geworden ist, so hat er eine Änderung in dieser Weise auch offenbar beabsichtigt, und man ist m. E. nicht berechtigt zu der Annahme, daß ihm hier ein Versehen untergelaufen sei, daß er selbst nur eine redaktionelle Änderung beabsichtigt habe, und daß die damit anerkanntermaßen verbundene inhaltliche Änderung der Bestimmung ihm nicht zum Bewußtsein gekommen sein sollte.

Außerdem würde m. E. der Gesetzgeber, falls er wirklich dem Absatz 1 des § 75 den Sinn hätte geben wollen, den Staub ihm unterlegt, die sich entsprechenden Voraussetzungen von Satz 1 und 2 zum Ausdruck gebracht haben und Satz 1 nur dahin fassen können:

> „Kündigt der Gehilfe auf Grund vertragswidrigen Verhaltens des Prinzipals das Dienst-Verhältnis gemäß §§ 70, 71“,

denn nur dann würde sich der Satz 2:

> „Das Gleiche gilt, wenn der Prinzipal das Dienstverhältnis kündigt“

sinngemäß angeschlossen haben.

Ich nehme also auf Grund dieser Erwägungen mit Cosack an, daß der Prinzipal seiner Rechte aus der Konkurrenzklausel schon dann verlustig geht, wenn er sich während des Dienstverhältnisses nachweislich einmal eines vertragswidrigen Verhaltens dem Gehilfen gegenüber schuldig gemacht hat. Das gilt m. E. auch für den Fall, daß das Dienstverhältnis auf eine bestimmte Zeit geschlossen ist und auch tatsächlich, trotz Vorliegens eines Grundes zur sofortigen Auflösung, erst durch den Ablauf dieser Zeit beendet wird, es sei denn, daß in dem Verbleiben des Gehilfen in seiner Stellung eine Verzeihung seinerseits dem Prinzipal gegenüber hinsichtlich dessen vertragswidrigen Verhaltens bezw. eine Billigung zu erblicken ist.

Aber nicht jedes vertragswidrige Verhalten des Prinzipals ist ausreichend dafür den Gehilfen seiner Verpflichtungen aus der Konkurrenzklausel zu entledigen. Es muß vielmehr derart sein, daß der Gehilfe daraufhin gemäß §§ 70, 71 H. G. B. berechtigt sein würde, das Dienstverhältnis fristlos zu kündigen, d. h. es muß sich als „wichtiger Grund" im Sinne der beiden genannten Paragraphen darstellen. Die Entscheidung darüber, wann dies im einzelnen Falle zutrifft, ist dem Richter überlassen. Seinem freien Ermessen unterliegt im wesentlichen schon die Bestimmung dieses Begriffes; nur vier Fälle hebt der § 71 hervor, in denen ein wichtiger Grund zu erblicken sein soll, aber auch nur, „sofern nicht besondere Umstände eine andere Beurteilung rechtfertigen". Im allgemeinen werden die unter Ziffer 2 bis 4 dieses Paragraphen aufgeführten Gründe sich auch als vertragswidriges Verhalten des Prinzipals im Sinne des § 75 darstellen:

Nichtgewährung des Gehalts oder des gebührenden Unterhalts seitens des Prinzipals,

Weigerung des Prinzipals, den ihm nach § 62 obliegenden Verpflichtungen[1]) nachzukommen, Tätlich-

---

[1]) Der Prinzipal ist verpflichtet, die Geschäftsräume und die für den Geschäftsbetrieb bestimmten Vorrichtungen und Gerätschaften so einzurichten und zu unterhalten, auch den Geschäftsbetrieb und die Arbeitszeit so zu regeln, daß der Handlungsgehilfe gegen eine Gefährdung seiner Gesundheit, soweit die Natur des Betriebes es gestattet, geschützt und die Aufrechterhaltung der guten Sitten und des Anstandes gesichert ist.

Ist der Handlungsgehilfe in die häusliche Gemeinschaft aufgenommen, so hat der Prinzipal in Ansehung des Wohn- und Schlafraums, der Verpflegung, sowie der Arbeits- und Erholungszeit diejenigen Einrichtungen und Anordnungen zu treffen, welche mit Rücksicht auf die Gesundheit, die Sittlichkeit und die Religion des Handlungsgehilfen erforderlich sind.

keiten, erhebliche Ehrverletzungen, oder unsittliche Zumutungen seitens des Prinzipals gegenüber dem Gehilfen, oder Weigerung des Prinzipals, den Handlungsgehilfen gegen solche Handlungen eines andern Angestellten oder eines Familienangehörigen des Prinzipals zu schützen.

Aber auch beispielsweise schon unfreundliche, kränkende und rücksichtslose Behandlung kann unter Umständen einen ausreichenden Grund zur sofortigen Lösung des Dienstverhältnisses für den Gehilfen gemäß § 75 Abs. 1 Satz 1 in Verbindung mit § 70 abgeben.[1])

Die im Satz 2 des § 75 Abs. 1 aufgestellte Regel, daß dem Prinzipal im Fall der Kündigung von seiner Seite keine Ansprüche aus der Konkurrenzklausel zustehen, wird einmal in dem Falle durchbrochen, daß für die Kündigung ein erheblicher Anlaß vorliegt, den er nicht verschuldet hat. Darunter fallen zunächst jedenfalls alle „wichtigen Gründe" im Sinne des § 70, auf Grund deren der Prinzipal ohne Einhaltung einer Kündigungsfrist zu kündigen berechtigt ist[2]), und die, entsprechend den Fällen der sofortigen Kündigung des Gehilfen (§ 71), im § 72 exemplifiziert sind. Danach sind als wichtige Gründe, gleichfalls unter der Voraussetzung, daß nicht „besondere Umstände" eine andere Beurteilung rechtfertigen, insbesondere anzusehen:

Untreue des Gehilfen im Dienst, Vertrauensmißbrauch, Verletzung der ihm obliegenden Pflicht zur Konkurrenzenthaltung während der Dauer des

---

[1]) Vgl. Urteil des O. L. G. Dresden v. 12. VI. 03 bei Lößnitzer und Kurtz, Annalen des O.L.G. Dresden, Bd. 25. S.214.

[2]) Vgl. Staub, Komm., S. 342, Anm. 3 zu § 75, Fuld a. a. O. S. 96, Reinshagen a. a. O. S. 34, Steiner a. a. O. S. 18. Urteil d. O. L. G. Hamburg v. 14. XII. 03 in O. L. G. E. Bd. 8, S. 97.

Dienstverhältnisses, unbefugtes Verlassen des Dienstes während einer den Umständen nach erheblichen Zeit, beharrliche Weigerung des Gehilfen, seinen Dienstverpflichtungen nachzukommen, Verhinderung an der Verrichtung seiner Dienste infolge anhaltender Krankheit, längerer Freiheitsstrafe oder Abwesenheit oder infolge einer die Zeit von 8 Wochen übersteigenden militärischen Dienstleistung, Tätlichkeiten oder erhebliche Ehrverletzung gegen den Prinzipal oder dessen Vertreter.

Der Begriff des „erheblichen Anlasses“ ist aber weiter als der des „wichtigen Grundes“, von dem die §§ 70, 72 sprechen: Auch eine Tatsache, die dem Prinzipal noch nicht das Recht sofortiger Lösung des Dienstverhältnisses geben würde, kann sich sehr wohl als „erheblicher Anlaß“ im Sinne des § 75 charakterisieren. Auch hier hat der Richter nach freiem Ermessen zu entscheiden, und zwar wird er dabei im einzelnen Fall die Auffassung des kaufmännischen Verkehrs zugrunde zu legen und zu prüfen haben, ob unter diesem Gesichtspunkt die fragliche Tatsache geeignet erscheint, die Kündigung seitens des Prinzipals zu rechtfertigen. In diesem Sinne gerechtfertigt würde also beispielsweise eine Kündigung des Prinzipals sein, die durch „passiven Widerstand“ oder „fortgesetzte kleine Schikanen“ des Gehilfen veranlaßt sind.[1])

Ein solcher Anlaß braucht aber natürlich keineswegs von dem Gehilfen verschuldet zu sein; Voraussetzung ist vielmehr nur, daß den Prinzipal kein Verschulden daran trifft. Also auch Einwirkung höherer Gewalt kann einen „erheblichen Anlaß“ zur Kündigung für den Prinzipal bedeuten, zum Beispiel Verlust seines Vermögens durch Brandunglück

[1]) Vgl. Komm.-Ber. S. 44. (Hahn-Mugdan S. 569.)

oder Überschwemmung; auch Rückgang des Geschäfts, Verlegung oder Umwandlung desselben, falls solche durch die Verhältnisse geboten erscheinen [1]), Eröffnung des Konkurses usw. In allen derartigen Fällen wird aber der Prinzipal den Nachweis zu führen haben, daß dabei ein Verschulden seinerseits nicht vorliegt. [2])

Die Ausnahme von der Regel des § 75, Abs. 1 Satz 1 bei Kündigung seitens des Prinzipals greift natürlich auch dann Platz, wenn der Prinzipal den Anlaß dazu nur zum Teil selbst verschuldet hat. Im Gegensatz zu dem Fall der Geltendmachung von Schadensersatzansprüchen bei Vorliegen von konkurrierendem Verschulden (§ 254 B. G. B.), bleiben hier die näheren Umstände außer Betracht, insbesondere die Prüfung der Frage, inwieweit der Schaden vorwiegend von dem einen, oder dem anderen Teile verursacht worden ist. [3])

Aber auch, wenn der Prinzipal aus einem Anlaß rein persönlicher Art kündigt, der im Sinne des Gesetzes nicht als „erheblich" bezeichnet werden kann, oder wenn er bei Vorliegen eines erheblichen Anlasses in dieser Beziehung beweisfällig bleibt, hat der Gesetzgeber ihm die Möglichkeit gelassen, die Wirksamkeit der Konkurrenzklausel gleichwohl aufrecht zu erhalten, und zwar kann er sie sich dadurch erkaufen, daß er

---

[1]) Entgegengesetzter Ansicht, ohne Begründung, Renger a. a. O. S. 44.

[2]) Vgl. R. G. Urteil v. 29. IX. 03 i. Jur. Woch. 03, S. 389, Nr. 20. Staub S. 343, Anm. 3 zu § 75. Steiner a. a. O. S. 20. Im Falle der Konkurs-Eröffnung nimmt Horrwitz (a. a. O. S. 155) ohne nähere Begründung und m. E. zu Unrecht unbedingt ein Verschulden des Prinzipals an, hält also einen Beweis des Gegenteils für ausgeschlossen.

[3]) Staub S. 342, Anm. 3 zu § 75; Reinshagen a. a. O., S. 35.

dem Gehilfen während der Dauer der Beschränkung das von diesem zuletzt bezogene Gehalt fortzahlt.

Von dieser Befugnis wird in der Praxis, soviel mir bekannt geworden ist, nur in sehr geringem Umfange Gebrauch gemacht, eine Tatsache die m. E. auch durchaus verständlich ist: der Prinzipal selbst hat ein Interesse daran, mit seinem Personal, soweit es für sein Geschäft brauchbar ist, nicht unnötig oft zu wechseln. Aus einem geringfügigen Grunde wird er daher regelmäßig nicht kündigen, sondern nur dann, wenn zunächst nach seinem eigenen Dafürhalten, ein erheblicher Anlaß dazu vorliegt. Da er in diesem Falle regelmäßig in seiner Eigenschaft als Kaufmann handelt und sich in erster Linie dabei von Geschäftsrücksichten leiten lassen wird, so wird sich auch in den weitaus meisten Fällen diese seine subjektive Meinung mit der objektiven Auffassung, d. h. mit der Auffassung des Verkehrs in dieser Beziehung decken.

Durchaus unbegründet erscheint mir aber gleichwohl der Vorwurf, den Ritter gegen diese Bestimmung erhebt, der ihr ohne nähere Begründung jede praktische Bedeutung abspricht.[1]) Denn immerhin ist zunächst sehr wohl die Möglichkeit vorhanden, daß es sich gelegentlich nur um ein vermeintliches Geschäftsinteresse des Prinzipals handelt, das ihn zur Kündigung bestimmt hat, das der Richter aber von seinem den allgemeinen Verkehrsanschauungen Rechnung tragenden Standpunkt aus nicht als erheblichen Anlaß anerkennen kann; auch wird ferner, wie schon angedeutet, dem Prinzipal der Beweis für das Vorliegen eines solchen gelegentlich mißlingen.

In Ergänzung der Ritterschen Ausführung ist

---

[1]) Ritter a. a. O. S. 353.

von anderer Seite[1]) der Nachweis versucht worden, daß der Prinzipal, wenn es ihm auf die Fortzahlung des Gehalts nicht ankomme, auch ohne die zweite Ausnahmebestimmung des § 75 Abs. 1 Satz 1 die gleiche Wirkung erzielen könne: Er brauche nur eine Kündigung zu unterlassen, den Gehilfen aber bis zum Ablaufe der Sperrzeit nicht zu beschäftigen.

Herz geht dabei aber von der m. E. unrichtigen Voraussetzung aus, daß der Handlungsgehilfe wohl einen Anspruch auf Gehalt, aber nicht auf Beschäftigung habe.

Meines Erachtens steht diese Ansicht in direktem Widerspruch zu der Definition des Handlungsgehilfen, die das Gesetz selbst im § 59 gibt: Danach ist erforderlich, daß er „zur Leistung kaufmännischer Dienste . . .“ angestellt ist. Wenn auch bei den Gehilfen im Gegensatz zu den Lehrlingen und Volontären die Erlernung des Geschäfts regelmäßig nicht den eigentlichen Zweck der Anstellung bedeutet, so hat doch zweifellos der Gehilfe neben dem Zweck des Unterhaltserwerbes regelmäßig auch ein berechtigtes Interesse daran (zumal in den ersten Jahren seiner Gehilfen-Tätigkeit), seine kaufmännischen Kenntnisse praktisch zu erweitern und sich in entsprechender Weise für die selbständige Ausübung seines Berufes auszubilden. Diese Absicht kann für ihn bei Annahme einer Stellung auch unter Umständen die allein maßgebende sein. Um ein Beispiel anzuführen:

Ein junger Mann aus wohlhabenden Verhältnissen, der später das Bankgeschäft seines Vaters übernehmen soll, will nach Ablauf seiner Lehrzeit in ein bestimmtes großes Bankhaus in Berlin eintreten, das vermöge seiner

---

[1]) Herz, „Konkurrenzklausel u. Kündigung (§ 75 Abs. 1 a. E. des neuen H. G. B.)“ in Holdheims Monatsschrift VII. Jahrg. Nr. 4, S. 97 ff.

weitverzweigten Geschäftsbeziehungen zur gründlichen Vorbildung nach jeder Richtung hin, besonders geeignet erscheint. Da er bei der betreffenden Firma unter den sonst dort üblichen Gehaltsbedingungen nicht ankommen kann, begnügt er sich auf Vorschlag des Prinzipals mit einem geringeren Gehalt, weil es ihm eben (wie auch der Prinzipal weiß), nicht sowohl auf den augenblicklichen pekuniären Vorteil, als auf Gründlichkeit seiner weiteren Ausbildung ankommt und auf die Möglichkeit, einen Einblick in den Geschäftsbetrieb einer derartigen Weltfirma zu gewinnen.

Wenn nicht überhaupt, so muß unbedingt in einem solchen Falle anerkannt werden, daß dem Gehilfen ein Anspruch darauf zusteht, von seinem Prinzipal sachgemäß beschäftigt zu werden; und die Weigerung des Prinzipals, diesen Anspruch des Gehilfen zu erfüllen, würde daher als vertragswidriges Verhalten anzusehen sein, das den Gehilfen gemäß § 75 Abs. 1 Satz 1 zur sofortigen Kündigung berechtigen und ihn seiner Verpflichtungen aus der Konkurrenzklausel entledigen würde.

Betreffs der Dauer der Konkurrenzbeschränkung des Gehilfen, die sich der Prinzipal durch Fortzahlung des Gehalts erkauft, bleibt naturgemäß das im § 74 Abs. 2 bestimmte Maximum von 3 Jahren maßgebend.[1]) In gleicher Weise haben auch die Vorschriften des Absatz 1 dieses Paragraphen Anwendung zu finden. Auch hier ist also zu prüfen, ob und inwieweit die Beschränkung nach Zeit, Ort und Gegenstand etwa die Grenzen überschreitet, durch welche eine unbillige Erschwerung des Fortkommens des Handlungsgehilfen ausgeschlossen wird.

Der Prinzipal kann die Konkurrenzklausel durch Ge-

[1]) Vgl. Komm.-Ber. S. 44 (Hahn-Mugdan S. 569.).

haltsfortzahlung, und zwar mittels einseitiger empfangsbedürftiger Willenserklärung, nicht über den Zeitraum hinaus aufrechterhalten, wie er in der Konkurrenzklausel selbst bestimmt, bezw. wie er durch richterliche Entscheidung festgestellt ist, oder festzustellen sein wird. Ebensowenig ist m. E. der Prinzipal auch andererseits berechtigt, dem Gehilfen das zuletzt bezogene Gehalt nur für eine kürzere Zeit weiterzuzahlen, um auch nur für diese Zeit die Klausel aufrecht zu erhalten.[1]) Das gilt jedoch nur für den Fall, von dem allein der letzte Satz des § 75 Abs. 1 redet, daß der Prinzipal einseitig erklärt, die Klausel auf diese Weise aufrecht erhalten zu wollen. Durch Vereinbarung unter den Beteiligten kann selbstverständlich die Karenzzeit beliebig abgekürzt und auch verlängert werden. (Das letztere allerdings auch nur bis zu den im § 74 gezogenen Grenzen.)

Eine andere Frage ist, ob der Prinzipal durch Kündigung unter Einhaltung der vereinbarten oder der gesetzlichen Kündigungsfrist sich seiner Verpflichtung zur Fortzahlung des Gehalts gegen Aufhebung der Konkurrenzbeschränkung wieder entledigen kann. Steiner[2]) bejaht diese Frage. Die analoge An-

---

[1]) Vgl. Staub, Komm. S. 343, Anm. 4 zu § 75. Düringer-Hachenburg S. 242, 1b zu § 75. Goldmann S. 364, 1b zu § 75. Reinshagen a. a. O. S. 36. Horrwitz a. a. O. S. 155, Anm. 2. Entgegengesetzter Ansicht ist Steiner (a. a. O. S. 22), zu der er auf Grund des Arguments gelangt, daß das Größere das Kleinere in sich schließt. M. E. ist aber dieses Argument in dem Zusammenhange deshalb nicht zu verwerten, weil das Gesetz nach meiner Ansicht unter der „Dauer der Beschränkung" die vereinbarte verstanden wissen will, bezw. die durch Richterspruch auf das Maß der Billigkeit herabgesetzte Beschränkungsdauer, deren Abänderung mithin nicht der Willkür der einen Partei anheimgegeben ist.

[2]) A. a. O. S. 22c.

wendung der für den Hauptvertrag maßgebenden Kündigungsfristen hält er mit Rücksicht darauf für gerechtfertigt, daß „in Wirklichkeit das Rechtsverhältnis während der Beschränkungsdauer bei Fortzahlung des Gehalts sich als nichts anderes darstelle, denn als die Fortsetzung des Vertragsverhältnisses unter Verzicht des Prinzipals auf die Dienste des Gehilfen." Diese Voraussetzung ist aber m. E. unrichtig; denn sie steht in offenbarem Widerspruch zum Wortlaut des Gesetzes, da der Begriff der Konkurrenzklausel die tatsächliche Beendigung des Dienstverhältnisses verlangt.

Steiner[1]) erachtet eine fristmäßige Kündigung für zulässig, sowohl in dem Falle, daß der Prinzipal ohne Angabe der Dauer der Beschränkung nur erklärt, die Klausel durch Gehaltsfortzahlung aufrecht erhalten zu wollen, als auch dann, wenn er die Fortdauer der Klausel auf bestimmte Zeit verlangt hat. Fuld[2]) unterscheidet, ob der Prinzipal sich für die Dauer der Sperrzeit zur Fortzahlung des Gehalts bereit erklärt hat, oder ob eine solche Erklärung nicht erfolgt, das Gehalt vom Prinzipal vielmehr nur tatsächlich fortgezahlt ist. Während nach seiner Ansicht im ersteren Falle der Prinzipal an die einmal abgegebene Erklärung gebunden ist, hält er ihn im anderen Falle für berechtigt, ohne weiteres und jederzeit die Fortzahlung einzustellen. Auch diese Ansicht erscheint aus den oben angeführten Gründen[3]) unhaltbar.

M. E. ist überhaupt diese Unterscheidung unrichtig: Die Erklärung des Prinzipals braucht nur dahin zu lauten, daß er die Klausel durch Gehalts-

---

[1]) A. a. O. S. 23.
[2]) A. a. O. S. 97.
[3]) Vgl. S. 68, Anm. 1.

fortzahlung aufrecht erhalten wolle. Eine Zeitangabe braucht sie nicht zu enthalten, da, wie bereits oben gesagt, die Dauer der Beschränkung doch jedenfalls allein von der Bestimmung der Klausel selbst, bezw. von dem ermäßigenden Richterspruche abhängig ist.[1]

Seine Absicht, zum Zwecke der Aufrechterhaltung der Konkurrenzklausel dem Gehilfen das Gehalt fortzahlen zu wollen, hat der Prinzipal bei der Kündigung zu erklären; denn es ist, wie Reinshagen[2] überzeugend ausführt, eine Forderung der Billigkeit, daß der Gehilfe bereits von diesem Zeitpunkte an Gewißheit hat, ob er bei Annahme einer neuen Stellung an die Konkurrenzklausel gebunden ist, oder nicht.[3]

Im Gegensatz zu der Vorschrift des § 324, Abs. 1, Satz 2 B. G. B. soll der Prinzipal bei Aufrechterhaltung der Konkurrenzbeschränkung nicht berechtigt sein, das Gehalt zu kürzen, wenn der Gehilfe eine neue Stelle gegen Bezahlung findet.[4]

Zweifelhaft kann es erscheinen, ob unter „Gehalt" im Zusammenhange des § 75 Abs. 1 Satz 1 lediglich

---

[1]) Vgl. auch Staub, Komm. S. 343, Anm. 4 zu § 75.

[2]) A. a. O. S. 39.

[3]) Ebenso Fuld a. a. O. S. 97. Ritter a. a. O. S. 353. Herz a. a. O. S. 99. Goldmann a. a. O. S. 364, 1b zu § 75. Düringer-Hachenburg a. a. O. S. 242, 1b zu § 75; O. L. G. Köln v. 2. III. 04 in O. L. G. E. Bd. 8 S. 387; entgegengesetzter Ansicht: Lehmann und Ring, a. a. O. S. 182, Nr. 3 zu § 75. Wie mir scheinbar auch Staub (S. 343): In Anm. 4 zu § 75 finden sich die widersprechenden Bemerkungen, der Prinzipal müsse die Erklärung sofort bei Beendigung des Dienstverhältnisses abgeben, und kurz darauf: Wenn sie nicht bei der Kündigung erfolge, so sei das Recht des Prinzipals verwirkt; denn es sind jedenfalls Ausnahmefälle, in denen Kündigung und Beendigung des Dienstverhältnisses zeitlich zusammenfallen.

[4]) Vgl. Komm.-Ber. S. 44 (Hahn-Mugdan S. 569).

Gehalt im eigentlichen Sinne zu verstehen ist, dessen Wesen darin besteht, daß es in bestimmter Höhe vereinbart und regelmäßig zu zahlen ist, oder ob auch sonstige, beim Vertragsschluß nicht oder nicht genau fixierte Bezüge, wie Tantiemen und Provisionen darunter fallen; und in der Tat gehen die in der Literatur vertretenen Ansichten darüber auseinander:

Steiner, der diese Frage im ersteren Sinne entscheidet[1]), geht davon aus, daß der Begriff „Gehalt" an sich unbestrittenermaßen die Bedeutung eines „festen Lohnbezuges" habe. Ohne zwingenden Grund, der hier nicht vorliege, sei man zu einer extensiven Auslegung dieses Begriffes nicht berechtigt, zumal in Anbetracht des Gegensatzes zwischen Provisionen und Tantiemen als Nebenbezügen einerseits und „Gehalt" als „festen Hauptbezug" andererseits.

M. E. ist es aber, wie ich mit Staub[2]) annehme, nicht nur prinzipiell sehr wohl zulässig, sondern in diesem Zusammenhange geradezu erforderlich, das Wort „Gehalt" in der Weise aufzufassen, daß jede Art von Vergütung dabei einbegriffen ist.[3]) Dem Einwande Steiners, daß der Gesetzgeber in diesem Falle den allgemeineren Ausdruck „Vergütung" gewählt haben würde, ist zu erwidern, daß das Gesetz auch sonst (so im § 63)[4]) die Bezeichnung „Gehalt" im weiteren Sinne verstanden wissen will.

Auch die Entstehungsgeschichte der in Rede

---

[1]) A. a. O. S. 24, 25; ebenso Reinshagen a. a. O. S. 37, 38. Düringer-Hachenburg a. a. O. S. 243, Ib zu § 75.

[2]) Komm. S. 343. Anm. 4 zu § 75 und i. Jur.-Zeitg. II. Jahrg. S. 336.

[3]) Ebenso Horrwitz a. a. O. S. 155. Moses a. a. O. S. 20. Goldmann a. a. O. S. 365 γ Lehmann-Ring S. 182. Nr. 3 zu § 75.

[4]) Vgl. Staub, Komm. S. 243. Anm. 4 zu § 75.

stehenden Bestimmung sucht Steiner m. E. zu Unrecht zum Beweis der Richtigkeit seiner Ansicht ins Feld zu führen:

Auf Grund der Erwägung, daß auch während der Sperrzeit der Gehilfe in einem nach der Klausel ihm erlaubten Handelszweige sich etwas verdienen könne, war in der Kommission beantragt worden[1]), es solle nur Fortzahlung der Hälfte des bisherigen Gehalts zur Aufrechterhaltung der Konkurrenzklausel verlangt werden. „Wenn hiernach der Gesetzgeber", so argumentiert Steiner, „angesichts der von ihm gewählten Gesetzesfassung weiterging und die Fortzahlung des ganzen Gehalts zur Voraussetzung der Aufrechterhaltung der Konkurrenzklausel machte, hierbei aber der so vielfach als Nebenbezüge vorkommenden Tantieme und Provision nicht gedachte, so muß man an die Absichtlichkeit dieser Unterlassung denken." Demgegenüber ist aber darauf hinzuweisen, daß sich bei dem oben erwähnten Antrage der Zusatz findet: „als Gehalt im Sinne dieser Bestimmungen gelten auch Tantiemen und Naturalbezüge."[2]) Weiter ist zu berücksichtigen, daß diese ganze Bestimmung auf den Beschluß der Reichstagskommission zurückzuführen ist[3]), und daß während der Beratungen kein Widerspruch gegen diese extensive Auslegung erhoben ist. Auf Grund dieser Tatsachen ist man m. E. nur zu der Annahme berechtigt, daß deshalb der genannte Zusatz keine Aufnahme fand, weil der Gesetzgeber der Meinung war, daß man schon aus allgemeinen Erwägungen zu dieser Auslegung kommen müsse, eine dahingehende ausdrückliche Vorschrift mithin für überflüssig erachtete.

---

[1]) Komm.-Ber. S. 38 (Hahn-Mugdan S. 564).

[2]) Vgl. Komm.-Ber. S. 38 (Hahn-Mugdan S. 564).

[3]) Vgl. Goldmann a. a. O. S. 365.

Die inneren Gründe, die für die hier vertretene Ansicht sprechen, liegen meines Erachtens auf der Hand: Eine nicht geringe Anzahl von Gehilfen bezieht ein festes Gehalt von nur unbedeutender Höhe, das allein nicht annähernd im Verhältnis zu den von ihnen geleisteten Diensten stehen würde. Was in solchen Fällen den Ausgleich herbeiführt, sind die Tantiemen und Provisionen, die in gewissem Umfange mit Sicherheit zu erwarten, nicht selten auch bis zu einer bestimmten Höhe vom Prinzipal dem Gehilfen bei Abschluß des Dienstvertrages zugesichert werden. Aus welchem Gesichtspunkte heraus ein Gehilfe, dessen Verdienst zu einem mehr oder weniger großen Teil aus solchen Bezügen besteht, so offensichtlich schlechter gestellt sein sollte, als ein nur gegen festen Lohn Angestellter, ist nicht einzusehen.

Weiter würde die logische Folge der gegnerischen Ansicht sein, daß der Prinzipal gegenüber einem Gehilfen, für dessen Dienste Tantiemen und Provisionen das einzige Äquivalent sind, nicht in der Lage wäre, bei Kündigung ohne Vorliegen eines erheblichen Anlasses die Klausel aufrecht zu erhalten.

In der That gelangt Reinshagen[1]) zu dieser Schlußfolgerung, die m. E. keinesfalls mit dem gesetzgeberischen Willen in Einklang zu bringen ist; er bleibt aber damit wenigstens in konsequenter Weise bei seiner Auffassung, ein Vorzug, den man den Ausführungen Steiners über diesen Punkt nicht nachrühmen kann: daß dem Prinzipal auch einem gegen Provision, Tantieme oder Gewinnbeteiligung angestellten Gehilfen gegenüber in gleicher Weise die Möglichkeit gegeben sein müsse, die Konkurrenzbeschränkung aufrecht zu erhalten, davon ist auch er überzeugt; und um zu

---

[1]) A. a. O. S, 38.

diesem gewünschten Resultate zu gelangen, hilft er sich damit, daß er sagt: „In einem solchen Falle trete eben diese Art der Entlohnung an Stelle des Gehalts." Warum soll sie dann nicht auch an Stelle eines Teiles von dem an sich zu zahlenden höheren „Gehalt" treten können?

D. Zuwiderhandlung gegen die Konkurrenzklausel seitens des Handlungsgehilfen und deren Folgen.

Da eine Konkurrenzklausel sich als Begründung einer negativen Verbindlichkeit darstellt[1]), so setzt ihre Verletzung seitens des Gehilfen unter allen Umständen eine mit den Bestimmungen der Klausel in Widerspruch stehende positive Handlung oder Tätigkeit des Gehilfen voraus, die jedoch keineswegs unbedingt eine direkte zu sein braucht. Allerdings wird der Verstoß gegen die Konkurrenzklausel regelmäßig darin bestehen, daß der Gehilfe sich in offensichtlichen Widerspruch zu ihrem Wortlaut setzt. Eine Zuwiderhandlung kann aber auch dann vorliegen, wenn sich das Verhalten des Gehilfen als augenscheinliche Umgehung des in der Klausel enthaltenen Verbots charakterisiert.

Eine solche in diesem Sinne ausdehnende Auslegung der Konkurrenzklauseln erscheint m. E. im Interesse einer beiden Parteien gerechtwerdenden Rechtsprechung in vielen Fällen unerläßlich. Das Reichsgericht hat allerdings in mehreren Entscheidungen ausgesprochen, daß Konkurrenzklauseln strikt und eher einschränkend als ausdehnend zu interpretieren

---

[1]) Vgl. oben S. 29. 30.

seien.[1]) Doch hat es auch andererseits darauf hingewiesen, daß der Richter in dieser Beziehung nicht zu weit gehen und nicht am Worte haften dürfe, daß in zweiter Linie also auch die in § 133 B. G. B. gegebene Vorschrift zu berücksichtigen sei.[2]) Übrigens ist für die Berechtigung der vom Reichsgericht aufgestellten Hauptregel einer eher einschränkenden, als ausdehnenden Auslegung kein Grund ersichtlich. Vielmehr müssen m. E. die Prinzipien des B. G. B. auch hier in erster Linie maßgebend bleiben: Auslegung wie Treu und Glauben mit Rücksicht auf die Verkehrssitte es erfordern und Erforschung des wirklichen Parteiwillens (B. G. B. §§ 157, 133)[3]) Dabei wird man indessen dem mutmaßlichen Willen der Parteien nicht soweit Rechnung tragen dürfen, in einer an sich nicht mit der Klausel in Widerspruch stehenden Handlung des Gehilfen gleichwohl eine Zuwiderhandlung zu erblicken, lediglich weil die Annahme berechtigt ist, daß die Parteien an diese Möglichkeit beim Abschluß der Klausel nur nicht gedacht haben.[4])

Ein direkter Verstoß gegen die Konkurrenzklausel wird auch dann anzunehmen sein, wenn der Gehilfe, der sich verpflichtet hat, in kein Konkurrenzgeschäft einzutreten, nach Auflösung des bisherigen Dienstverhältnisses ein selbständiges Konkurrenzgeschäft eröffnet oder übernimmt. In diesem Sinne ist auch in

---

[1]) Vgl. u. a. Bolze, Bd. 6, Nr. 200, 603. Bd. 8, Nr. 459. 462. 463. Bd. 11, Nr. 335. Bd. 16, Nr. 324. Bd. 18, Nr. 408. R. G. E. Bd. 26, S. 163.

[2]) Vgl. u. a. Bolze, Bd. 5, Nr. 603; ebenso auch O. L. G. Karlsruhe, Urteil v. 27. April 01 i. Z. H. R. Bd. 43, S. 342.

[3]) Vgl. Ritter a. a. O. S. 351.

[4]) R. G. E. Bd. 26, S. 165; Bolze Bd. 9, Nr. 245.

der Praxis wiederholt entschieden worden.[1]) Der leitende Gedanke dabei war offenbar der, daß man annahm, der selbständige Betrieb eines Konkurrenzgeschäfts bedeute ein maius, eine erheblichere Schädigungsgefahr für den Prinzipal, gegenüber dem Eintritt in ein Konkurrenzgeschäft, sei also auch ohne ausdrückliche Erwähnung in dem Verbot mit einbegriffen.

Eine häufig vorkommende Konkurrenzbeschränkung hat „direkte oder indirekte Beteiligung an einem Konkurrenzgeschäfte" zum Gegenstand. Mit Beteiligung schlechthin wird gewöhnlich nur eine solche bezeichnet, die in Einsetzung der vollen Arbeitskraft, Einwerfen von Kapital, Grundstücken usw. besteht. Darunter fällt also nicht jegliche Tätigkeit des Gehilfen in einem Konkurrenzgeschäft, insbesondere nicht Beschäftigung gegen festen Lohn, im Gegensatz zu einer Tätigkeit für das Geschäft mit Gewinnbeteiligung.[2]) Eine indirekte Beteiligung würde indessen der Abschluß eines solchen Dienstvertrages, die Übernahme einer fortgesetzten persönlichen Tätigkeit für das Konkurrenzunternehmen zweifellos in sich schließen.[3])

Eine Umgehung der Konkurrenzklausel, und daher eine Verletzung derselben wird immer dann anzunehmen sein, wenn der Gehilfe die Handlung bezw.

---

[1]) Vgl. u. a. O. L. G. Karlsruhe, Urteil v. 27. IV 91 i. Z. H. R. Bd. 43, S. 342, Nr. 254. Bolze Bd. 5, Nr. 305, 603.

[2]) Vgl. R. G.-Urteil v. 9. V. 05 i. Recht 05, S. 534.

[3]) Staub, Komm, Anm. 13 zu § 74, S. 340. R. G. E. Bd. 40, S. 99, vgl. auch R. G. Urteil v. 2. Dezember 86 (Bolze Bd. 4, Nr. 668), nach dem eine Beteiligung auch in der Übernahme der Agentur für ein Konkurrenzgeschäft seitens des Gehilfen zu erblicken ist, wobei der Verpflichtete innerhalb des Bannbezirks Geschäfte vermittelt.

Tätigkeit nicht selbst vornimmt, sondern sich dazu einer vorgeschobenen Mittelsperson bedient. Denn eine solche Handlungsweise würde unter allen Umständen unvereinbar sein mit dem Begriff von Treu und Glauben: Der Gehilfe, der sich verpflichtet hat, die Kunden seines Prinzipals später nicht geschäftlich zu besuchen, macht sich der Zuwiderhandlung gegen die Bestimmung der Klausel auch dann schuldig, wenn für ihn und in seinem Auftrage ein Reisender die Besuche vornimmt; das Gleiche gilt, wenn der Verpflichtete den ihm durch die Klausel verbotenen Betrieb eines Konkurrenzgeschäfts dem äußeren Scheine nach seiner Ehefrau, seinem Sohne oder sonst einem dritten überläßt.[1])

Als Umgehung würde es auch anzusehen sein, wollte der Verpflichtete, der im Besitz des überwiegenden Teils des Aktienkapitals einer Gesellschaft ist, seinen beherrschenden Einfluß dazu benutzen, die Gesellschaft zur Ausübung seiner eigenen, der Konkurrenzklausel widersprechenden Geschäftsinteressen vorzuschieben.[2])

Nicht zutreffend erscheint mir die Ansicht des Reichsgerichts, daß von einer Verletzung der Konkurrenzklausel dann nicht die Rede sein könne, wenn der frühere Gehilfe, der ein Konkurrenzgeschäft innerhalb des Bannbezirks nicht betreiben dürfe, von seinem außerhalb desselben etablierten Geschäfte aus auch dorthin seinen Geschäftsbetrieb erstreckt. Darin ist dem Reichsgericht beizustimmen, daß ein Kaufmann sein Geschäft dort betreibt, wo er seine Handelsniederlassung hat. Daß der Gehilfe also in einem solchen

[1]) Vgl. Bolze Bd. 23, Nr. 469. Dieselbe Entscheidung i. Jur. Zeitg. 1896, S. 424.

[2]) R. G.-Urteil v. 2. VII. 02 i. Jur. Wochenschr. 02. Beilage 11, Nr. 150, S. 264.

Falle unter Berücksichtigung nur des Wortlautes die Klausel nicht verletzt, dürfte ohne weiteres klar sein. Denn es wird kaum jemand daran denken, wenn von „Betrieb eines Geschäfts“ die Rede ist, darunter „Abschluß eines Rechtsgeschäfts“ zu verstehen, was das Reichsgericht der ausdrücklichen Hervorhebung für nötig hält.[1]) Aber unter Berücksichtigung des Sinnes, den ein solches Verbot offenbar hat und haben soll, wird eine Übertretung desselben m. E. auch dann häufig anzunehmen sein, wenn der Gehilfe mit Wirkung für den Bannbezirk fortgesetzt geschäftliche Handlungen zum Zweck des Verkaufs von Konkurrenzartikeln vornimmt. Denn die Tatsache, daß die Operationsbasis für die Tätigkeit des früheren Gehilfen außerhalb des Bannbezirks liegt, bietet durchaus noch keine Gewähr dafür, daß die Konkurrenz deshalb eine wesentlich geringere Wirksamkeit haben und somit für den früheren Prinzipal weniger empfindlich sein müßte.[2])

Anders verhält es sich dagegen, wenn die Tätigkeit des Gehilfen sich lediglich darauf beschränkt, innerhalb des Bannbezirks Kunden zu erwerben, zu besuchen und Preislisten dorthin zu versenden, verbunden mit dem Anerbieten, die darin bezeichneten Waren zu liefern.

Führen diese Handlungen nicht zum Abschluß von Geschäften, so sind sie m. E. nur als solche vorbereitender Natur anzusehen, die als Zuwiderhandlung noch nicht in Frage kommen können, wenn der „Betrieb eines Konkurrenzgeschäfts“ untersagt ist.[3])

---

[1]) R. G. E. Bd. 26, S. 165, 166.

[2]) Vgl. dazu R. G. E., Bd. 26, S. 163 ff. Dieselbe Entscheidung Bolze Bd. 9, Nr. 245.

[3]) Vgl. Bolze Bd. 12, Nr. 417. Bd. 14, Nr. 399. R. G.-Urteil v. 10. V. 02 i. Rohrscheidts Gewerbearchiv Bd. 2, Heft 2, S. 193, anderer Ansicht Staub (Komm. S. 290, Anm. 3 zu § 60 und

Auch dann wird von Betreiben eines Konkurrenzgeschäfts noch nicht die Rede sein, wenn sich die Tätigkeit des Gehilfen lediglich auf den Abschluß einzelner Geschäfte der gleichen Art beschränkt und der Geschäftsbetrieb kein dauernder und gewerbsmäßiger ist.[1])

Ist dem Gehilfen untersagt, in ein Konkurrenzgeschäft einzutreten, oder ein solches zu betreiben (die am häufigsten vorkommende Form der Konkurrenzklausel), so macht sich der Gehilfe auch dann der Zuwiderhandlung schuldig, wenn der Betrieb des betr. Konkurrenzgeschäfts sich auf eine Gattung der Branche des früheren Prinzipals erstreckt, die dieser erst nach Abschluß der Klausel in seinen Geschäftsbetrieb aufgenommen hat. In dem Falle, daß das Konkurrenzgeschäft, in welches der Gehilfe nach Lösung seines bisherigen Dienstverhältnisses eintritt, erst später Konkurrenzgeschäft wird, kann von einer Verletzung der Klausel nur die Rede sein, wenn der Gehilfe bei Abschluß des Dienstvertrages bereits wußte, daß sein neuer Prinzipal das Geschäft über kurz oder lang, ganz oder teilweise, auf die Branche des früheren erstrecken werde.[2])[3])

S. 340, Anm. 12 zu § 74), der es zwar für zulässig hält, daß der Gehilfe sich selbst auf sein künftiges Geschäft vorbereitet und einrichtet (z. B. schon während der Karenzzeit mit dem Bau einer Fabrik zu späteren Konkurrenzzwecken beginnt), unter allen Umständen jedoch darin eine Verletzung sieht, daß er das Publikum in irgend welcher Weise schon vor Ablauf der Karenzzeit auf das zu eröffnende Unternehmen hinweist.

[1]) Vgl. R. G. i. Jur. Wochenschr. 1900, S. 682. Urteil v. 10. VII. 00. Bolze Bd. 9, Nr. 245; i. Gegensatz dazu: Bolze Bd. 12, Nr. 114.

[2]) Vgl. oben S. 45.

[3]) Bolze Bd. 9, Nr. 361. Irrtümlicherweise führt Ritter (a. a. O. S. 351) diese Entscheidung als Beleg für seine (gegen-

Was die Folgen der Übertretung einer gültig vereinbarten Konkurrenzklausel anbelangt, so waren es zum Teil nach allg. H. G. B. die gleichen, wie nach heutigem Recht. Unter der Voraussetzung, daß eine Konventionalstrafe nicht vereinbart ist, hat der Prinzipal, ebenso wie nach früherem Recht, einen Anspruch auf Unterlassung fernerer Zuwiderhandlungen, er kann also, je nachdem die Zuwiderhandlung seitens des Gehilfen in Dienstleistungen bei einem Konkurrenzunternehmen, oder in selbständigem Betreiben eines solchen besteht, sofortigen Austritt des Gehilfen [1]), oder Schließung des Konkurrenzgeschäfts [2]) verlangen. [3])

Außerdem hat der Prinzipal einen Anspruch auf Ersatz des gesamten durch die Verletzung der Klausel ihm entstandenen Schadens, der auch den entgangenen Gewinn mit umfaßt [4]). Zu Unrecht behauptet Fuld [5]), der Prinzipal sei nur entweder Erfüllung, oder Schadensersatz wegen Nichterfüllung zu fordern berechtigt, eine Verbindung beider Ansprüche sei nicht zulässig:

Der Regel nach wird der Fall so liegen, daß die Karenzzeit noch nicht abgelaufen ist, wenn der Prinzipal Kenntnis von dem Kontraventionsfalle erhalten hat (bezw. seine daraus hergeleiteten Rechte geltend macht). Für die Zeit bis dahin, vom Augenblick der Zuwider-

---

teilige) Ansicht an, daß „die Unterlassungspflicht auch dann verletzt sei, wenn sich der Verpflichtete an einem Unternehmen beteilige, das erst im Laufe der Sperrzeit und ohne Wissen und Wollen des Angestellten zu einem verbotenen werde."

[1]) Bolze Bd. 3, Nr. 656, Bd. 22, Nr. 414.

[2]) Sächs. Archiv Bd. 4, S. 748. R. O. H. G. E. Bd. 19, S. 136 ff. Bd. 16, S. 163 f.

[3]) Die Frage der Zwangsvollstreckung zur Verwirklichung dieser Ansprüche glaube ich übergehen zu dürfen, da ihre Erörterung zu weit vom Thema abführen würde.

[4]) Vgl. allg. H. G. B. Art. 283, Abs. 1; B. G. B. § 252.

[5]) A. a. O. S. 98.

handlung an gerechnet, wird er also naturgemäß nur Schadensersatz verlangen können. Für den Rest der Sperrzeit besteht jedoch für den Prinzipal das Recht, Erfüllung, d. h. Unterlassung weiterer Verletzungen und für den Fall des Zuwiderhandelns Schadensersatz zu verlangen. Insofern steht einer Verbindung beider Ansprüche auf Grund der Verletzung einer Konkurrenzklausel nichts im Wege[1]) so, daß zugleich der Schadensersatzanspruch für die Vergangenheit, der Anspruch auf Erfüllung für die Zukunft erhoben werden kann.

Neben dem Recht auf Erfüllung und auf Schadensersatz steht dem Prinzipal auch ein solches auf vorbeugende Maßregeln zu[2]).

Eine wesentliche Neuerung enthält der § 75 Abs. 2 gegenüber dem bisherigen Recht: Nach Art. 284 Abs. 2 des Allg. H. G. B. war im Zweifel der Schuldner nicht berechtigt, sich durch Erlegung der vereinbarten Konventionalstrafe von der Erfüllung zu befreien. Es war also möglich, daß der Richter neben der Konventionalstrafe dem Schuldner die Pflicht zur Erfüllung bezw. zum Schadensersatz wegen Nichterfüllung auferlegte. Dagegen ist gemäß § 75 Abs. 2 (der im Gegensatz zu den entsprechenden früheren Bestimmungen zwingendes Recht enthält, im Fall der Vereinbarung einer Vertragsstrafe der Prinzipal unter allen Umständen nur berechtigt, die verwirkte Strafe zu fordern[3]). Auch ist der Anspruch auf Ersatz eines weiteren Schadens ausgeschlossen, der nach bürgerlichem Recht grundsätzlich

---

[1]) Ebenso Reinshagen a. a. O. S. 41.

[2]) Vgl. u. a. R.G.E. Bd. 27, S. 429ff.; Bolze Bd. 15, Nr. 709.

[3]) Während es nach der allgemeinen Vorschrift des B.G.B. (§ 340 Abs. 1) dem Gläubiger freisteht, ob er statt Erfüllung die verwirkte Strafe verlangen will.

zulässig ist[1]) und auch nach allg. H. G. B.[2]) geltend gemacht werden konnte.[3]) Nach früherem Recht charakterisierte sich die Vertragsstrafe also regelmäßig als von den Parteien veranschlagter Mindestbetrag des Interesses. Jetzt hat sie dagegen zufolge § 75 H. G. B. den Charakter einer Wandelpön, eines Reugeldes; sie stellt sich dar als der im voraus definitiv fixierte Schaden, der dem Prinzipal aus der etwaigen Zuwiderhandlung des Gehilfen gegen die Klausel erwachsen würde, als das Lösegeld, durch dessen Erlegung der Gehilfe sich von der übernommenen Verpflichtung soll befreien können.

Eine Beschränkung der Konventionalstrafe hinsichtlich ihres Betrages gab es nach allg. H. G. B. nicht. Die Strafe konnte vielmehr, wie Art. 284, Abs. 1 ausdrücklich hervorhebt, auch das doppelte Interesse des Berechtigten (nach preußischem Recht das Maximum)[4]) übersteigen. Nach geltendem Rechte kann eine unverhältnismäßig hohe Vertragsstrafe auf Antrag des

---

[1]) B. G. B. § 340 Abs. 2.

[2]) Art. 284 Abs. 3.

[3]) Durch Vereinbarung konnte aber dieses Recht des Prinzipals sehr wohl ausgeschlossen werden, so daß es bei der Zahlung der verwirkten Strafe sein Bewenden hatte. Einen dahingehenden Parteiwillen hat die frühere Rechtsprechung mehrfach aus dem Wortlaut des Strafversprechens geschlossen. So beispielsweise, wenn sich der Gehilfe einer Beschränkung seiner gewerblichen Tätigkeit unterworfen hatte „bei einer Konventionalstrafe“, oder „bei Vermeidung einer Konventionalstrafe von . . . Mk“. Auch dann konnte der Prinzipal regelmäßig nur die Vertragsstrafe fordern, wenn sie in Anbetracht ihrer Höhe dazu bestimmt und auch entsprechend erschien, das Interesse des Prinzipals an der Erfüllung der Klausel voll zu ersetzen.

(Vgl. dazu R. O. H. G. E. Bd. 16, S. 160. R. G. E. Bd. 33, S. 142. Bolze Bd. 19, S. 494.)

[4]) A. L. R. I. 5. § 301.

Schuldners auf den angemessenen Betrag herabgesetzt werden (§ 343 B. G. B.). Der letzte Satz des § 75 Abs. 2 H. G. B., der die ausdrückliche Bestimmung enthält: „Die Vorschriften des Bürgerlichen Gesetzbuchs über die Herabsetzung einer unverhältnismäßig hohen Vertragsstrafen bleibe unberührt", ist übrigens vollkommen überflüssig. Denn auch ohne ihn würden in Ermangelung sonstiger entgegengesetzter Vorschriften ipso iure die Bestimmungen des Bürgerlichen Rechts Anwendung zu finden haben. Eine solche Ausnahmebestimmung enthält der § 348 H. G. B. Danach kann eine Vertragsstrafe, die von einem Kaufmann im Betriebe seines Handelsgewerbes versprochen ist, nicht auf Grund des § 343 B. G. B. herabgesetzt werden. Durch das Fehlen einer entsprechenden Vorschrift für die Handlungsgehilfen würde also die Zulässigkeit der Herabsetzung einer Vertragsstrafe bereits hinreichend zum Ausdruck gebracht worden sein.

Auch Steiner[1]) hält den letzten Satz des § 75 Abs. 2 für ein superfluum, jedoch nicht auf Grund vorstehender Erwägungen, sondern weil er m. E. zu Unrecht aus § 74 ohne weiteres auch ein Ermäßigungsrecht des Richters in Ansehung der Vertragsstrafe herleiten will.

Voraussetzung für die Möglichkeit der Herabsetzung einer Vertragsstrafe ist lediglich, daß objektiv betrachtet die Strafe in entschiedenem Mißverhältnis zu dem wirklichen Interesse des Prinzipals steht. Eine Pflicht des Richters, in einem solchen Falle die Vertragsstrafe herabzusetzen, besteht nicht, sondern nur eine Befugnis dazu. Bei Feststellung des angemessenen Betrages, auf den er die Vertragsstrafe zurückführen will, hat der Richter jedes berechtigte Interesse des

[1]) A. a. O. S. 33.

Gläubigers, nicht bloß das Vermögensinteresse, in Betracht zu ziehen; daneben aber auch das des Schuldners.[1])

Eine Herabsetzung der Strafe ist indessen nur bis zur Entrichtung möglich.[2]) Hat der Schuldner jedoch bei Abschluß der Konkurrenzklausel unter dem Druck einer Notlage, aus Leichtsinn oder Unerfahrenheit gehandelt, so stellt sich die Strafstipulation als wucherische Ausbeutung dar, ist also ihrem ganzen Inhalte nach nichtig; die bereits gezahlte Strafe kann demnach in einem solchen Falle auch zurückgefordert werden, was bei einer nur „unverhältnismäßig hohen" Strafe ausgeschlossen ist.

Die Verwirkung der Strafe tritt nicht, wie bei einer positiven Verbindlichkeit, ein, wenn der Schuldner in Verzug gerät, sondern mit dem Augenblick der Zuwiderhandlung.[3]) Von diesem Zeitpunkt an läuft also die Verjährungsfrist.[4]) Während dieselbe für die Ansprüche des Prinzipals aus einem gesetzlichen Konkurrenzverbote gegenüber dem Gehilfen[4]) 5 Jahre beträgt (vom Zeitpunkt der Zuwiderhandlung bezw. vom Augenblick der Kenntnis des Prinzipals an gerechnet), gilt für alle Ansprüche des Prinzipals aus der Konkurrenzklausel die allgemeine Verjährungsfrist des bürgerlichen Rechts von 30 Jahren.[5])

Während nach früherem Recht eine Konventionalstrafe für jeden Fall der Zuwiderhandlung gültig vereinbart werden konnte, ist nach heutigem Recht ihre

---

[1]) Vgl. Urteil des O. L. G. München vom 20. VI. 02. i. Recht 1903, S. 161.

[2]) B. G. B. § 343, Abs. 1, Satz 3.

[3]) B. G. B. § 339.

[4]) B. G. B. § 198.

[5]) B. G. B. § 195.

Verwirkung in unserem Fall nur einmal möglich. Wie oben erwähnt, hat die Konventionalstrafe hier den Charakter einer Wandelpön, sie wird verwirkt mit der Zuwiderhandlung und damit ist auch die Verpflichtung des Gehilfen zur Konkurrenzenthaltung aus der Klausel beendigt. Logischer Weise kann man daher hier nur von „der" Zuwiderhandlung reden, also auch nur von einmaliger Verwirkung der Vertragsstrafe. Die Unmöglichkeit mehrfacher Verwirkung ergibt sich aus dem Gesetze selbst, es bedarf also als Beleg dafür gar nicht der Berufung auf Präjudizien, die Horrwitz[1]) für angebracht hält.

Infolge der accessorischen Natur der Vertragsstrafe ist die notwendige Voraussetzung für ihre gültige Vereinbarung das Bestehen einer gültigen Hauptverbindlichkeit, der sie beigefügt ist. Ist die Hauptverbindlichkeit ungültig, so kann auch die für den Fall ihrer Nichterfüllung festgesetzte Strafe nicht verwirkt werden. Daran ändert auch der Umstand nichts, daß etwa die Parteien die Unwirksamkeit der Hauptverbindlichkeit zur Zeit des Vertragsschlusses gekannt haben.[2])

Schließlich ist hier noch zu der Frage Stellung zu nehmen, ob die nach den obigen Ausführungen dem Prinzipal aus der Konkurrenzklausel zustehenden Rechte übertragbar sind, eine Möglichkeit, die in der Recht-

---

[1]) A. a. O. S. 156; übrigens ist die dort angeführte Entscheidung des Reichsgerichts (Bolze Bd. 5, Nr. 603) bereits im Jahre 1888, also unter früherem Recht ergangen, sodaß eine Berufung darauf hinsichtlich der hier aufgeworfenen Frage unter heutigem Recht m. E. nicht nur unnötig, sondern direkt unrichtig ist. Der darin liegende Fehler ist um so augenscheinlicher, als in dieser Entscheidung selbst die prinzipielle Zulässigkeit der Stipulierung von Konventionalstrafen bezüglich jedes einzelnen Kontraventionsfalles für das damalige Recht ausgesprochen ist.

[2]) B. G. B. § 344.

sprechung nur selten und ohne einleuchtenden Grund schlechthin verneint worden ist.[1])

Bei Beantwortung dieser Frage ist zu unterscheiden, ob es sich um vermögensrechtliche Ansprüche des Prinzipals aus der Klausel[2]) handelt, die infolge des eingetretenen Kontraventionsfalles bereits fällig geworden sind, oder um solche, die erst in Zukunft und auch nur möglicherweise zur Entstehung gelangen. Für den ersteren Fall wird die aufgeworfene Frage ohne weiteres zu bejahen sein. Aber auch ein durch die Zuwiderhandlung bereits begründeter Anspruch des Prinzipals gegenüber dem Gehilfen auf Unterlassung weiterer Zuwiderhandlungen ist m. E. abtretbar, da er kumulativ mit dem auf Schadensersatz wegen Nichterfüllung gerichteten geltend gemacht werden kann, und mit ihm daher meist als eng zusammengehörig zu betrachten sein wird.

In Ansehung solcher Ansprüche, die erst entstehen werden, kommt es darauf an, ob dieselben rein persönlicher Natur sind, oder nicht; ob m. a. W. die Vereinbarung der Konkurrenzbeschränkung lediglich das Interesse des vertragschließenden Prinzipals im Auge hatte, oder auch das seiner Firma und somit gleichzeitig das der etwaigen späteren Inhaber dieser Firma.[3]) Im ersteren Fall sind die Ansprüche des Prinzipals als höchstpersönliche nicht übertragbar,

---

[1]) Vgl. O. L. G. Jena, Urteil v. 2. VII. 92 i. Z. H. R. Bd. 42, S. 512, Nr. 83. Seuffert, Archiv Bd. 48, S. 277. Dagegen u. a. R. G. E. Bd. 37, S. 176ff.; R. G. i. Jur. Wochenschr. 01, S. 726.

[2]) Ersatz des entstandenen Schadens und Entrichtung der vereinbarten Vertragsstrafe.

[3]) Anderer Ansicht ist Horrwitz (a. a. O. S. 157) der m. E. zu Unrecht annimmt, daß es sich hierbei überhaupt nicht um rein persönliche Ansprüche des Prinzipals handeln könne.

während im anderen Fall ihrer Übertragbarkeit nichts im Wege steht.

Der Übergang solcher Ansprüche, die erst in Zukunft existent werden können, ist naturgemäß nur in Verbindung mit der Übertragung des Geschäfts möglich. Darunter ist übrigens nicht notwendig nur das Geschäft zu verstehen, auf welches sich die Konkurrenzklausel ursprünglich erstreckte, sondern auch ein nach dessen Veräußerung oder Auflösung gegründetes oder übernommenes anderes, aber gleichartiges, desselben Prinzipals.[1])

Unter Umständen kann aber auch die Veräußerung des Geschäfts für den Gehilfen das Recht der sofortigen Kündigung im Gefolge haben, nämlich dann, wenn sie sich für den Gehilfen als wichtiger Grund, bezw. als vertragswidriges Verhalten des Prinzipals (§ 75, Abs. 1 in Verb. mit § 70, Abs. 1 H. G. B.) darstellt. Das wird beispielsweise dann der Fall sein, wenn die individuelle Persönlichkeit des Prinzipals für den Gehilfen in Frage kommt[2]), und wenn der Gehilfe in erheblichem Maße mit dem Prinzipal persönlich zusammen zu arbeiten hat.[3]) Dann würde der Prinzipal mit dem Augenblicke der Geschäftsveräußerung seine Ansprüche aus der Konkurrenzklausel gemäß § 75, Abs. 1 verwirkt haben, nunmehr also auch zur Übertragung derselben an einen Dritten außerstande sein, denn „nemo plus iuris in alium transferre potest quam ipse habet".

---

1) Vgl. Horrwitz a. a. O. S. 158.
2) Vgl. R. G. E. Bd. 18, S. 374.
3) Horrwitz a. a. O. S. 117.

V. Existenzberechtigung der Konkurrenzklausel und Abänderungsvorschläge in Beziehung auf die für sie bestehenden gesetzlichen Vorschriften.

Seit der Zeit, wo in Deutschland Konkurrenzklauseln im Geschäftsleben zum Abschluß gelangten, hat Uneinigkeit geherrscht, ob derartige Beschränkungen der freien Konkurrenz prinzipiell berechtigt seien, oder nicht. Besonders machte sich diese Meinungsverschiedenheit zur Zeit der Beratung des neuen H. G. B. geltend, das endlich die bisher fehlende gesetzliche Regelung dieser Materie bringen sollte.

Auf demselben Standpunkte, auf dem die Rechtsprechung vor Jahrzehnten vorübergehend stand, daß die administrativ freigegebene Gewerbefreiheit auch keine vertragsmäßigen Schranken dulde, steht heute im wesentlichen [1]) nur noch der durch die Konkurrenzklausel unmittelbar betroffene Stand der Handlungsangestellten selber. Sie suchen dauernd und gerade in letzter Zeit wieder mit besonderem Nachdruck ihrem Kampfruf „Fort mit der Konkurrenzklausel in jeder Gestalt" neue Anhänger zu gewinnen. Von ihrem Standpunkt aus erscheint dies Bestreben gewiß begreiflich. Zum mindesten eine Übertreibung ist es aber, wenn man behaupten will, man habe dabei auch

---

[1]) Vgl. auch Schriften des Deutschen Werkmeister-Verbandes, Heft VII: Die Konkurrenzklausel von Dr. H. Potthoff und R. Lehmann.

die öffentliche Wohlfahrt im Auge, wenn man sich einbildet, man kämpfe in gleicher Weise wie für die eigenen Interessen, für das Wohl und Wehe der Allgemeinheit, der menschlichen Gesellschaft überhaupt. Denn es ist doch noch ein recht weiter Schritt von solchen Einzelverboten bis zur Aufhebung der Konkurrenz und zur Monopolisierung der Gewerbe.

Aus dem Gesichtspunkte des öffentlichen Interesses heraus wird sich m. E. also die bedingungslose Unbeschränkbarkeit der persönlichen Freiheit des einzelnen auf dem Gebiete seiner gewerblichen Tätigkeit nicht rechtfertigen lassen. Zweifelhafter kann es immerhin erscheinen, ob man gegenüber dem Streben von der einen Seite nach Abschaffung der Konkurrenzklausel ein berechtigtes Interesse an deren Beibehaltung auf der Gegenseite anzuerkennen, oder unter allen Umständen zu verneinen hat.

Die Literatur und Judikatur hat sich, jedenfalls in neuerer Zeit, unbedingt in ersterem Sinne entschieden und damit die Notwendigkeit grundsätzlicher Zulassung von vertraglichen Konkurrenzbeschränkungen ausgesprochen. In gleicher Weise haben sich in neuester Zeit auf Grund einer Rundfrage des preußischen Handelsministers, soweit mir bekannt geworden ist, sämtliche deutsche Handelskammern geäußert, ebenso unter anderen der Zentralverband für Handel und Gewerbe, der Zentralausschuß Berliner kaufmännischer, gewerblicher und industrieller Vereine, sowie auch große Verbände von Gehilfen.

Wie oben erwähnt, wurde bereits s. Z. im Reichstag nur von sozialdemokratischer Seite (in der ersten Beratung von dem Abg. Stadthagen, in der zweiten von dem Abg. Singer[1]) der Versuch gemacht, auf ein

[1]) Vgl. Hahn-Mugdan S. 522, 680.

unbedingtes Verbot der Konkurrenzklausel hinzuwirken. Es blieb aber bei einem schwachen Versuch, denn im übrigen herrschte im Hause Einigkeit darüber, daß unter Umständen und innerhalb gewisser Grenzen Konkurrenzklauseln billigerweise zugelassen werden müßten, durch die sich der Prinzipal dagegen schützen könne, daß ein aus seinem Geschäfte ausscheidender Angestellter die Kenntnis der Verhältnisse dieses Geschäfts zum Schaden seines früheren Dienstherrn ausnutze.

Die Errungenschaften des Genies und Fleißes sind durch Spezialgesetze auf dem Gebiete des Patent- und Autorrechts in hohem Grade geschützt. Ein solcher Schutz steht dem Prinzipal nicht zur Seite, der sich im Besitz einer eigenartigen Industriemethode oder eines soliden Kundenkreises befindet. Und doch ist sein Bestreben, sich vor unberechtigter, rücksichtsloser Ausbeutung Dritter zu sichern, die er erst in seine Methode eingeweiht, in seine Kundschaft eingeführt hat, nicht minder gerechtfertigt.[1]. Darin, daß man ihm aber die Möglichkeit läßt, wenigstens vertraglich sich solcher Eingriffe in seine Rechtssphäre zu erwehren, kann kein unbilliges Zugeständnis zu gunsten des Unternehmertums erblickt werden, das mit dem „Prinzip gegen Wucher" unvereinbar wäre.

Soweit für Abschaffung der Konkurrenzklausel gesprochen wird, geht man von der Voraussetzung aus, daß der Prinzipal als der wirtschaftlich Stärkere dem Gehilfen gegenüber von vornherein die Oberhand haben müsse. Der Regel nach mag das zutreffen, aber es fehlt auch nicht an Ausnahmen von dieser Regel: Es gibt Beispiele genug, wo die Verhältnisse umgekehrt liegen, wo das Fortbestehen eines bescheidenen Geschäfts-

[1]) Vgl. Kohler a. a. O. S. 62, 63.

unternehmens allein auf vorteilhafte, zuverlässige Bezugsquellen und einen festen Kundenkreis gegründet ist, wo es dem finanziell gut situierten früheren Angestellten ein leichtes sein würde, diesem Geschäft nach seinem Austritt aus demselben den Lebensnerv zu unterbinden, seinem früheren Prinzipal den mühsam und in jahrelanger Arbeit erkämpften Boden zu entziehen und ihn wirtschaftlich mit einem Schlage zu vernichten.

Die Billigung einer solchen Handlungsweise des Gehilfen (mag er auch der wirtschaftlich an sich schwächere sein), würde eine moralische und wirtschaftliche Ungerechtigkeit bedeuten, deren sich der Gesetzgeber nicht schuldig machen darf.

Nun hat allerdings die Praxis zur Genüge gelehrt, in wie schonungsloser und vielfach jedem Rechtsgefühl hohnsprechender Weise häufig von der Konkurrenzklausel Gebrauch gemacht wird. Das ist aber eine Tatsache, die beim Vorhandensein eines schutzwidrigen Interesses der Arbeitgeber niemals ein Verbot der Konkurrenzklausel überhaupt rechtfertigen könnte. Und selbst wenn man in den Arbeitgebern unter allen Umständen die beati possidentes zu erblicken hätte, eine Unbilligkeit würde es bleiben, wollte man nach dem Prinzip vorgehen „dem Schwachen alles, dem Stärkeren nichts".

In der Kommission hatte man s. Z. noch darauf hinzuweisen gesucht, daß der Prinzipal zu seinem Schutze der Konkurrenzklausel nicht bedürfe [1]). Die dort vertretenen Ansichten mögen hier noch Erwähnung finden, wenn sich auch ein näheres Eingehen darauf erübrigen dürfte.

Zunächst wurde geäußert, „die Hauptsache sei die sittliche Erziehung der Gehilfen; werde diese und der Befähigungsnachweis streng durchgeführt, dann würde

---

[1]) Hahn-Mugdan S. 566.

die mißbräuchliche Verwertung erlangter Kenntnisse seitens der Angestellten wegfallen; mit dem Knüppel bringe man den Menschen nicht auf den rechten Weg In kleinen Geschäften finde sich die Konkurrenzklausel deshalb nicht, weil dort eine so intime Verbindung zwischen Prinzipal und Kundschaft bestehe, daß der austretende Gehilfe dem Prinzipal keinen Schaden bringen könne."

Mit derartigem Idealismus, wie er sich in dieser Ansicht ausspricht, wird sich eine so brennende Frage, wie die vorliegende, zumal sie dem Gebiete des Geschäftslebens angehört, heutzutage jedenfalls nicht mehr lösen lassen. Unrichtig ist überdies auch, wie die Praxis lehrt, die Behauptung, daß sich in kleinen Geschäften die Konkurrenzklausel nicht finde. Im Gegenteil ist sie gerade in solchen Fällen, wie schon bemerkt, vielfach eine Existenzfrage für das Geschäft, und somit nicht selten für den Prinzipal selbst.

Schließlich ist auch noch im Interesse des Gehilfenstandes selbst zu erwägen, daß im Falle des Verbots von Konkurrenzklauseln überhaupt mancher Prinzipal im Interesse seines Geschäfts das seinen Angestellten gegenüber bisher gezeigte Vertrauen versagen und ihnen die für ihre Ausbildung wesentlichen Einblicke auch in die Geschäfts- und Betriebsgeheimnisse in Zukunft nicht mehr gewähren würde. In vielen Fällen würden aber dadurch die Angestellten empfindlicher geschädigt werden, als durch den Abschluß einer in den Billigkeitsgrenzen bleibenden Klausel.

Vollkommen auf Grund eines gesetzlichen Verbotes verschwinden darf die Konkurrenzklausel nach dem Gesagten also nicht aus dem Rechtsleben. Dieser Fall wird auch schwerlich eintreten, obschon sich der Reichstag nach einem Beschlusse der Petitionskommission zu viel weitergehendem Entgegenkommen gegenüber den Wünschen der Angestellten bereit erklärt hat. Aufgabe der Gesetzgebung wird es vielmehr sein und bleiben müssen, unter grundsätzlicher Beibehaltung vertraglicher Konkurrenzbeschränkungen die Materie so zu regeln, daß beiden beteiligten Klassen, den Geschäftsherren, wie den Angestellten, nach Möglichkeit in gleicher Weise Recht widerfährt.

Ob diese Aufgabe durch die §§ 74, 75 H. G. B. voll erfüllt ist, läßt sich ungleich schwerer, als die Frage der Berechtigung von Konkurrenzklauseln überhaupt, mit einem Ja oder Nein beantworten.

Was zunächst das Grundprinzip anbetrifft, von dem der Gesetzgeber bei Schaffung der genannten Paragraphen ausgegangen ist, so ist hier m. E. unbedingt das Richtige getroffen. Es mag an und für sich bedenklich erscheinen, dem Richter ein so weit gehendes Recht freien Ermessens einzuräumen; und doch gelangt man auf keine andere Weise zu einem befriedigenderen Resultat. Es ist schon oben darauf hingewiesen, daß festbestimmte Normen, die jedem einzelnen Falle in gleicher Weise gerecht werden könnten, sich nicht aufstellen lassen. Aus diesem Grunde halte ich die von den Kaufmannsgerichten München und Frankfurt[1]) gemachten ersten drei Vorschläge, die den Runderlaß des Handelsministers veranlaßt haben, nicht für angebracht. Es war vorgeschlagen:

1. Die Konkurrenzklausel solle unwirksam sein, wenn der Gehilfe bei Beendigung des Dienstverhältnisses nicht mehr als 3000 Mark Jahreseinkommen bezogen habe.[2])

---

[1]) Abgedruckt in „Handel und Gewerbe“ XIV. Jahrg., Nr. 33, S. 607.

[2]) Dieser Vorschlag war bereits bei der ersten Beratung im Reichstag vom Abg. v. Buchka gemacht worden (vgl. Hahn-Mugdan S. 483).

2. Der Zeitraum für den eine Konkurrenzklausel vereinbart werden könne, solle auf ein Jahr abgekürzt werden.
3. Eine Vertragsstrafe solle nur bis zum Betrage der Hälfte des Jahreseinkommens zulässig sein.

Solche zahlenmäßige Begrenzungen bleiben mechanisch und willkürlich, sie werden den örtlichen, sachlichen und persönlichen Verhältnissen, die, man kann wohl sagen, in allen Fällen des Verkehrslebens verschieden sind, niemals Rechnung tragen können. So liegt es auf der Hand, daß insbesondere der erstgenannte Antrag die absolute Verschiedenheit der Verhältnisse in Großindustrie und Großhandel einerseits und Kleinindustrie und Kleinhandel andererseits in keiner Weise berücksichtigt. Die Aufnahme einer einschränkenden Bestimmung, wie sie dieser erste Antrag vorschlägt, würde unbedingt (wie s. Z. schon der Staatssekretär des Reichsjustizamtes betonte[1]), eine Bevorzugung der Großen und Starken und eine Gefährdung der Kleinen und Schwachen bedeuten. Denn dadurch würde manchem kleinen Gewerbetreibenden, der dem Umfange seines Geschäftsbetriebes entsprechend geringere Löhne zahlt, die Möglichkeit entzogen werden, auch von einer nur engbegrenzten Konkurrenzklausel Gebrauch zu machen, die zum Schutze seiner Interessen geboten erscheint. Auch bildet unzweifelhaft die Höhe des Gehalts, das der Gehilfe bezieht, keineswegs einen sicheren Maßstab für die Entscheidung der Frage, ob er eine Vertrauensstellung bekleide, oder nicht[2]). Davon wird es aber regelmäßig abhängen, ob man eine Klausel als der Billigkeit entsprechend, und somit wirksam anzusehen

---

[1]) Vgl. Hahn-Mugdan S. 568.

[2]) So auch die Handelskammern München, Köln und Brandenburg in ihren gutachtlichen Äußerungen.

hat. Gleichwohl erscheint es kaum zweckmäßig, diesen Gedanken im Gesetze zum Ausdruck zu bringen, wie von anderer Seite vorgeschlagen ist. Denn häufig werden die Verhältnisse für den Prinzipal so liegen, daß Konkurrenzklauseln für ihn auch mit solchen Personen geboten sind, die erst später in eine Vertrauensstellung aufrücken sollen oder die zwar wichtige Geschäftsgeheimnisse kennen lernen, ohne doch gerade eine Vertrauensstellung zu bekleiden. Auch ist dieser Begriff, worauf die Berliner „Ältesten der Kaufmannschaft“ in ihrem Gutachten[1]) noch hinweisen, so schwer abzugrenzen, daß seine Aufnahme in das Gesetz eine große Rechtsunsicherheit zur Folge haben würde. Diese Abgrenzung würde schließlich regelmäßig dem Ermessen des Richters anheimgegeben bleiben müssen und daher an dem jetzigen Rechtszustand praktisch kaum etwas geändert werden.

In bezug auf die Höhe der zulässigen Vertragsstrafe ist es m. E. nicht minder notwendig, daß es bei dem freien richterlichen Ermessen bleibt. Denn die Praxis hat gelehrt, daß die Strafe häufig garnicht den Gehilfen trifft, der die Klausel übertritt; daß vielmehr in zahlreichen Fällen der Prinzipal des betr. Konkurrenzgeschäfts, in das der Gehilfe eintritt, die Strafe aus eigenen Mitteln erlegt, da er hoffen kann, dieses Opfer durch Engagement des Gehilfen und Ausnutzung von dessen schätzbaren Kenntnissen reichlich wieder einbringen zu können. In derartigen Fällen würde also eine Vertragsstrafe auch dann zweifellos durchaus noch der Billigkeit entsprechen können, wenn sie das Mehrfache eines Jahresgehalts des Angestellten betrüge. In Erwägung dessen würde also der Vorschlag nicht sowohl eine Besserstellung der Gehilfen,

---

[1]) Handel und Gewerbe, XV. Jahrg., Nr. 3, S. 49.

als vielmehr ein Zugeständnis an den illoyalen Wettbewerb bedeuten[1]).

Bei einer Beschränkung der Zulässigkeit von Vertragsstrafen im Sinne des unter 3) angeführten Antrages würde sicher mancher Prinzipal darauf verzichten, in die Klausel eine Strafvereinbarung aufzunehmen, wenn sie nicht annähernd im Verhältnis zu dem aus einer Übertretung ihm erwachsenden Schaden stehen würde. Damit würde aber dem Vorteil der Handlungsgehilfen, den der Vorschlag im Auge hat, kaum gedient sein. Denn der Gehilfe wird sich im allgemeinen besser stehen, wenn für den Fall der Zuwiderhandlung Zahlung einer Vertragsstrafe vorgesehen ist, (die ja erforderlichen Falles entsprechend herabgesetzt werden kann), so daß ihm die Möglichkeit bleibt, sich durch Erlegung der Strafe von den Verpflichtungen zu Schadensersatz und Unterlassung weiterer Zuwiderhandlungen zu befreien. Diese Möglichkeit wird also für ihn besonders dann von Wert sein, wenn er Aussicht hat, sich in seiner Stellung bedeutend zu verbessern (durch Eintritt in ein Konkurrenzgeschäft bei erheblich vorteilhafteren Bedingungen, oder durch Übernahme oder Neuerrichtung eines solchen unter besonders günstigen Umständen), da ihn in Anbetracht dessen die Zahlung der Strafe nicht so hart treffen würde, als eine fortdauernde Verpflichtung zur Konkurrenz-Enthaltung. Die Entrichtung einer vereinbarten Vertragsstrafe würde naturgemäß auch in dem oben erwähnten Falle mehr dem Vorteile des Gehilfen dienen, wenn er in ein Konkurrenzgeschäft einzutreten wünscht, dessen Prinzipal bereit ist, die verwirkte Strafe für ihn zu erlegen.

---

[1]) Vgl. Gutachten der Handelskammer in Breslau (Handel und Gewerbe XV. Jahrg., Nr. 9, S. 162).

Durchaus ungerechtfertigt erscheint auch der weitere Vorschlag, die Zulässigkeit der Geltendmachung von Ansprüchen aus der Konkurrenzklausel für den Prinzipal von einem Schadensnachweis abhängig zu machen. Darin liegt eine Verkennung des Zwecks der Konkurrenzklauseln, die sich als Schutzverträge darstellen und die nicht sowohl der Erlangung eines Entgelts für möglicherweise eintretenden Schaden beabsichtigen, sondern den Eintritt dieses Schadens verhindern wollen. [1])

Lediglich dann, wenn eine Vertragsstrafe vereinbart ist, kann von einem Zweck des Prinzipals die Rede sein, sich für den Fall eines eintretenden Schadens ein Entgelt im voraus zu sichern. Genau genommen ist es aber auch dann nicht die Konkurrenzklausel selbst, sondern nur die darin enthaltene Strafstipulation, die diesem Zwecke dient.

Dem Berechtigten die Beweislast für einen tatsächlich entstandenen Schaden aufzubürden, würde aber auch in diesem letzteren Falle in keiner Weise gerechtfertigt erscheinen und dem Wesen der Vertragsstrafe widersprechen, die ja gerade dazu bestimmt ist, an Stelle des Entschädigungsanspruchs zu treten [2]), und die ohne weiteres mit Eintritt des Kontraventionsfalles verwirkt ist. Gerade deshalb finden in Konkurrenzklauseln Strafversprechen Aufnahme, weil der ursächliche Zusammenhang zwischen der Zuwiderhandlung und dem eingetretenen Schaden in den weitaus meisten Fällen nicht zu beweisen sein wird. Man denke nur an die nächstliegenden Fälle Der frühere Gehilfe hat die Klausel dadurch übertreten, daß er in ein Kon-

---

[1]) So auch die Handelskammer Berlin in ihrem Gutachten.

[2]) § 75 Abs. II Der Anspruch auf Ersatz eines weiteren Schadens ist ausgeschlossen.

kurrenzgeschäft eingetreten ist, oder ein solches selbstständig betreibt. In der Tat geht einer und der andere Kunde des früheren Prinzipals von diesem ab und kauft in dem Konkurrenzgeschäft. Wie wollte der Prinzipal den Beweis führen, daß die betr. Kunden gerade durch die Person seines früheren Gehilfen zu ihrer Handlungsweise veranlaßt sind, daß sie seinem Geschäft treu geblieben wären, wenn der Gehilfe die Konkurrenzklausel eingehalten hätte? Ebenso wird dem Prinzipal, wenn es sich um Verrat von Geschäftsgeheimnissen handelt und die Wirkungen des Verrats vielleicht auch deutlich erkennbar sind, ein Beweis für den Verrat selbst und für dessen ursächlichen Zusammenhang mit dem entstandenen Schaden selten gelingen.

Was endlich den letzten Abänderungsvorschlag der Handelskammern München und Frankfurt betrifft, der dahin geht, Konkurrenzklauseln bei Lehrlingen ganz auszuschließen, so muß auch dieser (besonders im Hinblick auf das Interesse der Lehrlinge selbst) bedenklich erscheinen. Eine allzugroße praktische Bedeutung würde eine solche Vorschrift bei Bestehenbleiben des § 74 Abs. 3 allerdings kaum haben, ebensowenig, wie das von der Bestimmung des § 76 Abs. 1 [1]) behauptet werden kann, deren Aufhebung der Antrag bezweckt. Denn im allgemeinen werden die kaufmännischen Angestellten die Lehrzeit vor erreichter Volljährigkeit abgemacht haben, sodaß sich also in der Regel die Unzulässigkeit des Abschlusses von Konkurrenzklauseln mit ihnen schon aus der Vorschrift des § 74 Abs. 3 ergeben würde.

Immerhin bestehen Ausnahmen von diesem Regelfall: Dann gilt das schon oben bei Erörterung der

---

[1]) Die Vorschriften der §§ 74, 75 finden auch auf Handlungslehrlinge Anwendung.

Notwendigkeit prinzipieller Zulassung von Konkurrenzklauseln Gesagte entsprechend auch hier: Es kann keinem Zweifel unterliegen, daß dann, wenn man Klauseln mit Lehrlingen schlechthin für ungültig erklären wollte, mancher Prinzipal überhaupt keine Lehrlinge mehr anstellen, oder sich genötigt sehen würde, von Stund an ihren tieferen Einblick in die Geschäfts- und Betriebsgeheimnisse zu verhindern.

Also auch dieser Vorschlag würde dem Stand der Angestellten nicht zum Segen ausschlagen. Für die großjährigen Lehrlinge, meine ich, würde darin unter Umständen sogar in noch höherem Maße eine Hemmung der Ausbildung liegen als für die Gehilfen. Denn die Lehrlinge werden regelmäßig während der ganzen drei Jahre, die sie meist in demselben Geschäft verbleiben, (wenigstens wo ihre Ausbildung ernst genommen wird,) mit Gründlichkeit in die Geschäftsverhältnisse eingeweiht und in allen Abteilungen des Betriebes eingeführt[1]).

In zweifacher Richtung wird man m. E. eine Abänderung der Bestimmungen die Konkurrenzklausel betreffend zu erstreben haben:

Es ist schon oben eingehend erörtert[2]), inwiefern die Vorschrift absoluter Nichtigkeit der Konkurrenzklausel bei Minderjährigkeit des Gehilfen der inneren Berechtigung entbehre, so daß an dieser Stelle auf das dort Gesagte verwiesen werden kann. Auch daß m. E. alle zahlenmäßige Begrenzungen der Zulässigkeit von Konkurrenzklauseln unbedingt zu verwerfen sind, ist bereits des Näheren dargelegt.

Eine Änderung der bestehenden Vorschriften zum Wohle beider beteiligter Klassen kann ich also nur darin

---

[1]) Gutachten der „Ältesten der Kaufmannschaft von Berlin", abgedruckt in Handel und Gewerbe XV. Jahrg., Nr. 3, S. 51.

[2]) Vgl. oben S. 48, 49.

erblicken, daß dem Richter das Recht wirklich freien, durch keinerlei starre Schranken eingeengten Ermessens zuerkannt wird, also darin, daß die Absätze 2 und 3 des § 74 wegfallen. Nur dann ist eine völlige Berücksichtigung der individuellen Verhältnisse denkbar, die unerläßlich ist und die durch alle generalisierenden Gesetzesvorschriften erschwert, wenn nicht unmöglich gemacht würde.

Daß man damit das ersehnte Ziel ganz erreichen und die Frage der Konkurrenzklausel endgültig und zu völliger Zufriedenheit Aller würde lösen können, ist vor der Hand jedenfalls nicht zu hoffen.

Mit der Einführung der Kaufmannsgerichte ist zwar eine gewisse Gewähr geboten, daß die Verhältnisse des geschäftlichen Lebens entsprechende Berücksichtigung finden, so insbesondere auch die Interessen des Gehilfenstandes dadurch, daß er an der Rechtsprechung der Kaufmannsgerichte beteiligt ist. Immerhin besteht kein Zweifel daran, daß man auch in Zukunft, wie die Neuregelung der §§ 74, 75 auch ausfallen mag, noch häufig genug von wenig befriedigenden Resultaten der Rechtsprechung auf diesem Gebiete hören wird. An der Tatsache, meine ich, würden alle Einschränkungsvorschriften nichts bessern, sondern die Verhältnisse nur noch unbefriedigender gestalten.

Wenn sich aber überhaupt feste Grenzen ziehen lassen, die dem Richter seine verantwortliche und schwierige Aufgabe erleichtern würden, so sind dazu doch festere Grundlagen erforderlich, als sie jetzt durch Rechtsprechung, praktische Erfahrungen und statistische Feststellungen gegeben sind; der Zeitpunkt, wo auf solchen Grundlagen ein in dem Sinne neues Gesetzgebungswerk geschaffen werden könnte, liegt jedenfalls noch in weiter Ferne.

Kolibri 360 GmbH
Ferdinand-Jühlke-Straße 7
99095 Erfurt, Deutschland
produktsicherheit@kolibri360.de